KB162579

정리의 스킬

정리의 스킬

초판발행일 | 2020년 2월 2일

지 은 이 | 유영택
펴 낸 이 | 배수현
표지디자인 | 유재헌
내지디자인 | 박수정
제 작 | 송재호
홍 보 | 배보배

펴 낸 곳 | 가나북스 www.gnbooks.co.kr
출 판 등 록 | 제393-2009-000012호
전 화 | 031) 408-8811(代)
팩 스 | 031) 501-8811

ISBN 979-11-6446-016-8(03190)

정리의 스킬

지은이

유 영 택

정리 잘하는 직원 = 일 잘하는 직원이다

"정리를 못하는 사람은 없다. 정리를 안 하는 사람만 있을 뿐이다."

칼 세이건의 《코스모스》에는 '지구는 타원형 궤도를 돈다.'는 사실이 발견되기까지의 과정이 수 페이지에 걸쳐 자세하게 설명되어 있다. 지금은 일반상식이 되었지만, 17세기초에 케플러가 발견하기 전까지는 아무도 몰랐다. 케플러는 수학자인 튀코 브라헤가 평생에 걸쳐 모은 천문관측 자료를 연구·분석함으로써 지구가 원형 궤도가 아니라 '타원형 궤도'를 따라 태양 주위를 돈다는 것을 알아낼 수 있었다. 튀코 브라헤의 도움이 없었다면 이 과학적 진실을 발견하는 데에는 오랜 세월이 더 필요했을 것이다.

이처럼 자료는 중요한 역할을 한다. 단지 과학자들에게만 중요한 것이 아니라, 직장인들에게도 자료는 마찬가지로 중요하다. 업무에 따라 다소 강약은 있을 수 있어도 자료는 직장생활을 위한 필수적인 요소다. 특히 업무의 상당부분이 보고서를 통해 이루어지고 있기 때문에 충실한 내용을 담은 보고서 작성을 위해서도 자료는 반드시 필요하다. 간단한 사안이라면 자료 몇 개만 갖고도 가능할 수 있겠지만 보고서 수준을 높이고 회사에서 요구하는 형식을 갖추려면 다양한 자료를 활용해야 한다.

자료가 중요하기는 하지만 평소에 정리해두지 않으면 원할 때 바로 찾아서 쓰는 건 쉽지 않은 일이다. 현대는 '정보의 홍수'라고 할 만큼 엄청난 자료가 매일매일 쏟아지는 시대다. 자료가 부족하다기보다는 자료가 걷잡을 수 없이 쌓여서 필요할 때 찾아 쓰기 힘든 상황이 되었다. 컴퓨터의 검색 기능을 활용해서 자료를 찾을 수도 있고, 쌓아놓은 서류더미 속에서 필요한 서류를 어렵지 않게 찾아낼 수 있는 공간감각을 지닌 사람도 있고, 자료정리를 하지 않더라도 머릿속에 온갖 자료내용을 기억해두는 특출한 능력의 소유자도 있을 것이다. 하지만 이러한 '예외적인' 사람들도 자료가 많아질수록 점차 한계에 부딪힐 수밖에 없다.

사무실에 자료가 심하게 어질러져 있어 '도둑이 들었다'고 경찰에 신고를 한 외국 사례도 있는데, 이 정도까지는 아니더라도 일을 하다보면 며칠만 지나도 엄청난 자료더미에 파묻혀 있는 자신을 발견하게 된다. 정리해야겠다고 마음을 먹어도, 다른 업무를 하다보면 주체할 수 없이 쌓여버리는 자료 앞에서 자포자기 상태가 되고 만다. '꼭 하지 않아도 되는 일', '꼼꼼한 성격을 지닌 사람들에게나 맞는 일' 등으로 치부하고 내 일이 아니라고 생각하면서 아예 자료정리를 하지 않는 사람들도 있다. 그래서 자료는 계속 쌓이고, 자료가 늘어남에 따라 스트레스 강도도 높아진다.

ⓘ "조사에 따르면 직장인이 서류를 찾는데 보내는 시간이 **하루에 15분**이라고 한다."《깔끔한 업무관리·정리정돈》

ⓘ "〈월스트리트 저널〉이 계산한 바에 따르면 미국의 평균적인 근로자는 잃어버린 문서를 찾느라 **해마다 6주**의 시간을 낭비한다."《바쁘지 마라 일을 부려라》

ⓘ "사람이 **하루**에 물건을 찾는 데 소비하는 시간은 **30분에서 두 시간**이라고 한다."《설레지 않으면 버려라》

ⓘ "한 통계조사에 따르면, 직장인들은 하루에 평균 190여개의 정보를 입수하고 필요한 서류를 찾기 위해 **1년에 150시간**을 사용한다."
《일이 훨씬 편해지는 정리의 정석》

　이와 같이 우리는 필요한 자료를 금방 찾지 못해 업무 중 적지 않은 시간을 허비한다. 자료를 찾는 데 시간이 오래 걸려 보고서 작성 작업이 길어지면서 퇴근이 늦어지는 경우도 다반사다. 그래

정리의 스킬

서 더이상 그대로 있을 수만은 없다. 싫든 좋든 잘 보관해서 언제든 활용할 수 있도록 관리해야 한다.

자료정리는 '쉽게 찾는 데' 일차적인 목적이 있다. 하지만 자료정리의 효율성은 단지 자료를 빨리 찾고 주변을 깔끔하게 정돈하는 공간정리·시간관리 차원에 머물지 않는다. 자료정리에는 우리가 생각하는 것보다 훨씬 많은 이점이 있다. '보물상자'를 여는 열쇠가 될 수도 있다. 그야말로 '엄청난 마법'을 지니고 있는 것이다. 자료정리를 함으로써 얻게 되는 이점 중 몇 가지를 예로 들면 다음과 같다.

ⓥ '가용' 정보량이 대폭 확대되고 일처리가 빨라져 업무성과가 제고된다.

ⓥ '일 잘하는 직원'이라는 평가를 받고 어떤 상황에도 대처할 수 있게 된다.

ⓥ 마음의 여유가 생기고 스트레스가 해소된다.

ⓥ 자신감이 생기고 일하는 즐거움을 느끼게 되어 삶에 활력을 갖게 된다.

ⓥ '저녁 있는 삶'이 가능해지고, 인생을 주도적으로 사는 원동력이 된다.

자료정리가 이렇게 유용한 측면들을 지니고 있는 것을 알고 있

으면서도 모르는 체 지내는 것은 안타깝고 어리석은 일이다. 이제는 자료정리에 대한 소극적이고 편협한 사고에서 벗어나 적극적이고 능동적인 태도로 전환해야 한다. 국내의 대표적인 정리컨설턴트인 윤선현씨의 말처럼 정리를 못하는 사람은 없다. 안 하는 사람만 있을 뿐이다. 자료정리가 갖는 중요성을 '재발견'하고 자료정리의 달인이 되어야 한다. 자료에 끌려다니는 데서 벗어나서 '주인'이 되어야 한다.

이 책은 독자들이 '적극적 자료정리'로 사고를 전환할 수 있도록 자료정리가 가진 '마법'에 대해 상세히 알려주고, 효율적으로 자료정리를 할 수 있는 방법을 제시한다. 필자가 30년간의 직장생활을 통해 시행착오를 겪으면서 직접 사용해본 방법은 물론, 정리에 관해 지금까지 연구된 다양한 내용들을 종합하여 가장 효과적이라고 생각되는 사항들을 자세히 정리했다. 정리작업을 습관으로 만들기 위한 손쉬운 방법을 설명하고, 자료분류 작업을 업무 아이디어 개발 등으로 직접 연결시킬 수 있는 방법을 제시한다. 또한, 3단트레이·파일서랍과 컴퓨터 등 최소한의 기본적인 도구들만 갖고도 효과적으로 정리를 할 수 있는 방법을 소개하고 있다. 독자들이 이 책을 읽고 따라한다면 자료정리가 어쩔 수 없이 해야만 하는 '귀찮은' 작업이 아니라 '즐거운' 일이라는 생각이 들게 되고, 업무능력을 한 단계 업그레이드 하는 데 도움이 될 것이라고 확신한다.

다른 사람들은 어떻게 자료를 정리하는지 궁금해서 옆 자리에 앉은 직원의 서랍을 열어보고 싶은 생각이 들었던 독자들도 있을 것이다. 이 책은 그러한 사람들에게 '자료정리는 이런 것이다'라는 방향성을 제시하고, 독자들을 '자료정리의 새로운 세계'로 안내하려는 시도다. 문서를 작성해야 하는 직장인들을 위한 종이자료 정리 방법에 초점을 맞춰 집필되었지만, 자료정리에 공통적으로 해당되는 기본적인 사항들을 다루고 있기 때문에, 자료정리가 필요한 사람이라면 누구나 활용 가능할 것이다. 영수증이나 가전제품 사용설명서와 같은 각종 서류를 제대로 관리하지 못해 어려움을 겪는 가정주부, 학업성적을 올리려는 학생, 학부모들과 개별 상담을 해야 하는 선생님, 책을 쓰기 위해 자료를 정리하는 방법을 찾고 있는 예비작가 등 누구에게라도 기본지침서가 되어줄 수 있을 것으로 기대된다.

　자료정리는 단 하나의 정답이 있는 수학문제가 아니다. 이 책은 몇 가지 예시를 제공하고 있을 뿐이다. 독자들이 책에서 제시한 방법을 기초로 자신만의 정리법을 발전시켜 나가기를 바란다. 이 책이 그러한 과정에 조그만 디딤돌이 될 수 있다면 저자에게는 더 없는 기쁨이 될 것이다.

목차

CONTENTS   **목차**

정리의 스킬

정리 잘하는 것이
일을 잘하는 것이다

정리해야 찾을 수 있다

정리는 우물을 파는 일이다

'정리 잘하는 직원 = 일 잘하는 직원'이다

정리하면 머릿속도 정리된다

정리는 삶에 활력을 준다

정리해야 찾을 수 있다

⊙ 정리하지 않으면 자료에 치인다

현대 사회에서 이틀 동안 생산되는 정보의 양은 과거 동굴벽화 시대부터 2000년대초까지 생산된 모든 정보보다 많다고 한다. 사람들이 매일 접하는 정보량은 신문 175부에 해당한다는 조사결과도 있다. 현대인들은 이와 같이 매일같이 엄청나게 쏟아지는 정보에 둘러싸여 지낸다. 그야말로 '정보의 홍수' 속에서 살고 있는 것이다.

여기서 정보를 자료라고 바꿔서 표현해도 좋을 것이다. 자료는 서류나 신문, 잡지, 책과 같은 아날로그 형태일 수도 있고, 전자문서와 동영상과 같이 디지털 자료일 수도 있다. 오래 전에는 자료라고 하면 종이에 기록된 문서가 대부분이었지만, 컴퓨터와 첨단기술이 발전하면서 디지털 자료의 비중이 급속히 증가하고 있다. 하지만 여전히 종이를 기반으로 업무가 수행되는 경우가 많다.

제1부 정리 잘하는 것이 일을 잘하는 것이다

직장인들은 업무를 하다 보면 수많은 자료와 씨름해야 한다. 보고서나 기획서, 회의·프레젠테이션 자료를 작성하기도 하고, 상사로부터 구두나 문서로 업무지시를 받기도 하며, 회사 운영과 관련된 다양한 행정공지 사항을 이메일과 행정문서 형태로 전달받기도 한다. 인터넷이나 신문 등 언론매체에서 업무에 참고할만한 자료도 찾아봐야 한다. 그래서 하루 종일 바쁘게 뛰어다닐 수밖에 없다.

엄청나게 많은 자료를 접하다보니 그때그때 자료를 정리하지 못하고 쌓아두게 되는 경우도 많다. 미국의 한 회사에서는 얼굴이 보이지 않을 정도로 서류를 쌓아놓고 지내는 직원을 동료직원들이 장난삼아 '화재 위험인물'로 신고했는데 실제로 소환장이 발급된 사례도 있었다. 이렇게 심각한 상태까지는 가지 않더라도 직장생활을 하다보면 감당하지 못할 정도로 쌓이는 자료로 인해 스트레스를 받기 마련이다.

자료가 업무를 효율적으로 하는데 도움이 되어야 하는데 오히려 업무공간을 떡하니 차지해 버리기도 하고, 쌓아놓은 자료가 무너져서 발등을 찍는 등 사람에게 공격을 가하기도 하고, 주변을 어수선하게 만들기도 한다. 컴퓨터에 자료를 보관해두는 경우도 겉으로는 잘 정돈된 듯 보여도 온갖 자료가 뒤죽박죽으로 뒤섞여 있어 '멘붕' 상태에 빠지기도 한다. 정리하지 않으면 자료에 치이게 되는 것이다.

필자도 혹시 필요할까 싶어 입수되는 자료를 전부 보관했다가 고생한 경험이 있다. 자료가 계속 쌓이다보니 서랍 속에 보관할 공간이 부족해서 오래된 자료를 캐비닛에 옮겼는데, 캐비닛에 여유공간이 있을 때는 괜찮았지만 계속 자료를 채우다보니까 캐비닛도 꽉 차서 더 이상 자료를 놓아둘 수 없게 되었다. 급기야 세로로 세워놓은 자료 위에 다른 자료들을 포개서 얹어놓는 지경까지 이르게 되었다. 그 이후 어떤 결과가 되었을지는 굳이 말하지 않더라도 충분히 상상이 가능할 것이다.

우리가 보관하고 있는 자료 중 다시 보게 되는 경우는 20퍼센트 정도라고 한다. 보존·보관이 필요한 정보는 5퍼센트 정도에 불과하다고 말하는 사람도 있다.

⊙ "우리가 철해서 보관하는 서류의 80퍼센트는 두 번 다시 들춰볼 일이 없는 서류다. 다시 말해서 버려도 되는 서류라는 이야기다."(제니퍼 베리 – 미국의 정리전문가)

⊙ "직종에 따라서는 필요한 경우가 있을 수도 있지만, 대부분은 필요 없다. 정보의 90퍼센트 이상은 버려야 할 것이며, 보존·보관이 필요

제1부 정리 잘하는 것이 일을 잘하는 것이다

한 정보는 고작해야 10퍼센트 정도에 불과하다."(시노즈카 다카야 – 일본 정리컨설턴트)

◉ "소중히 간직한 서류를 다시 사용할 확률은 6개월 후에 10퍼센트, 1년이 지나면 1퍼센트로 떨어진다는 데이터도 있다."(고마츠 야스시 – 일본 1호 정리컨설턴트)

◉ "6개월 이상 보관하고 있는 것 중 95%는 사실 쓰레기이다."(리즈 데번포트 – 미국의 정리기술 카운슬러회사 CEO)

───────────────────────────────

이처럼 자료는 쌓아놓고 나중에 보지 않는 경우가 대부분이기 때문에 자료정리는 버리는 데서부터 출발해야 한다. 하지만 버리는 것만이 능사가 아니라는 것은 당연하다. 필요한 자료라면 나중에 활용할 수 있도록 '자료의 주체'가 되어 잘 관리해야 한다. 백영옥 작가의 말처럼 "우리를 둘러싼 수많은 뉴스와 정보, 인간관계가 우리를 덮치기 전 먼저 능동적으로 덜어내고 정리하지 못하면, 우리가 정보를 선택하는 것이 아니라 정보가 우리를 선택하게 될지도 모른다."

☺ 정리되어 있지 않으면 찾기 힘들다

자료를 정리하지 않고 책상 위에 쌓아놓고도 필요한 자료를 금방 찾아내는 사람과 함께 근무한 적이 있다. 직장생활을 막 시작했을 때였는데, 보고서에 넣을 한 줄짜리 참고사항을 찾기 위해 몇 시간 동안 땀을 뻘뻘 흘려야 했던 나로서는 온갖 자료가 뒤죽박죽되어 있는 가운데서 어떻게 그렇게 쉽게 원하는 자료를 찾아낼 수 있는지 감탄스러웠다.

저장 강박에 사로잡힌 사람들에 관한 이야기인 《잡동사니의 역습》에서도 유사한 사례를 찾아볼 수 있다. 저자인 랜디 프로스트와 게일 스테키티는 "동료 교수들 가운데도 연구실에 종이더미를 쌓아놓는 사람들이 있는데, 대다수는 각각의 더미에 뭐가 있는지 알고 있으며, 필요한 것은 즉시 찾아낸다."고 적고 있다. 그런 걸 보면 우리 주변에는 이런 사람들이 적지 않은 모양이다.

하지만 이러한 자료관리 — 관리라고 할 수도 없겠지만 — 방식은 자료의 양이 일정 수준 이내인 경우에만 가능하다. 자료가 계속 쌓이는 상황 하에서 이러한 방식은 필연적으로 한계에 부딪힐 수밖에 없다. 자료의 위치에 대한 대략적인 기억에 의존하고 있기 때문에, 자료를 찾으려면 예상되는 '지점'의 위아래에 있는 자료들을 모두 들춰봐야 하고, 서류더미 중간에 끼어있는 자료를 꺼내기 위해 위에 있는 자료를 치워야 하는 불편함을 겪어야 하는 것은 말할 것도 없다. 자료의 양이 많아짐에 따라 정확한 위치를 기억해내는 것도 쉽지 않은 일이다. 단지 자료를 찾지 못하는 데서 그치는 것이 아니라 보관되지 않고 분실되었다는 것을 확인하게 될 수도 있다. 설혹 자료를 찾게 되더라도 시간이 오래 걸린다. 그만큼 업무효율이 떨어지고, 다른 일을 할 시간도 부족해질 것이다.

보안관련 백신 프로그램인 '알약'과 압축프로그램 '알집'으로 잘 알려져 있는 이스트소프트가 2015년 9월에 우리나라 직장인들을 대상으로 실시한 설문조사 결과 72.6%가 업무용 문서 관리에 불편을 겪고 있다고 응답했으며, 그 중에는 '파일 찾는 것이 어렵다'고 한 사람들이 가장 많았다. 정리전문가들은 직장인이 서류를 찾는 데 하루 15~30분의 시간을 보내고 있으며 심한 경우는 2시간 이상 걸리기도 한다고 말한다. 직장인 대부분이 자료를 금방 찾을 만큼 효율적으로 정리를 하지 못하고 있다는 얘기다.

얼핏 보아서는 하루 15분은 아무 것도 아닌 것처럼 보이지만, 매일같이 반복되고 있다고 생각하면 결코 적지 않은 시간이다. 주 5일을 근무한다고 하면 1주에 75분, 한 달에 300분(5시간), 1년이면 60시간이다. 직장인들의 1일 근무시간을 8시간으로 계산하면, 연간 7.5일을 출근해서 자료만 찾다가 퇴근하는 셈이다.

자료가 많아도 필요할 때 찾아서 쓸 수 없으면 없는 것이나 마찬가지다. 아무리 '설레는 정보'를 한 가득 가지고 있다고 해도 빠른 시간 안에 제대로 찾아내지 못한다면 무용지물이 되고 마는 것이다. 현 시대에는 워낙 많은 정보가 넘쳐나기 때문에 노하우(know how)도 중요하지만 노웨어(know where)가 더 중요하다. 우리가 자료를 정리하는 가장 큰 이유는 필요할 때 바로바로 찾아 쓰기 위한 것인데, 자료를 대강 정리해 두어서는 찾기 힘들다. 잘 정리해 두지 않으면 자료의 한 쪽 구석에 있는 단편적인 내용을 찾는 일은 불가능할 것이고, 관련자료를 한 데 모아두지 않으면 일일이 다 찾느라 많은 시간을 들여야 할 것이다. 따라서 다소 귀찮고 힘들더라도 평소에 부지런히 자료를 정리해야 한다. '자료정리는 개인 비서를 두는 것과 같다'는 생각으로 필요할 때 언제든 꺼내 쓸 수 있도록 미리미리 준비해 두어야 한다.

컴퓨터의 검색기능을 믿고 세부적인 분류작업 없이 자료를 무작정 집어넣기도 하는데, 이것은 위험한 행동이다. 컴퓨터 파일도 종이문서처럼 쌓인다. 체계적으로 정리하지 않으면 아무리 검색어를 넣어도 원하는 자료를 찾기 힘들고, 찾을 수는 있더라도 시간이 오래 걸린다. 따라서 컴퓨터에 자료를 보관할 때도 신경을 써가면서 카테고리에 맞게 분류해서 넣어야 한다. (컴퓨터 파일과 종이문서의 분류 방식은 통일하는 것이 좋다. 이 부분에 대해서는 제3부의 3장에서 자세히 다룰 것이다.) 모아만 놓아서는 소용이 없다. 필요할 때 끄집어낼 수 있도록 일정

한 '원칙'에 따라 분류·정리해 두어야 한다. 그래야 언제 어디서
든 필요할 때 적시에 활용할 수 있다.

　그러면, 필요한 자료를 꺼내 쓰는 데 어느 정도 시간이 걸리면
자료정리가 잘 되어 있다고 말할 수 있을까? 대체로 10초~1분이
일반적인 기준으로 제시되고 있다. 우리가 자료를 정리하는 기준
으로 삼으면 좋을 것이다.

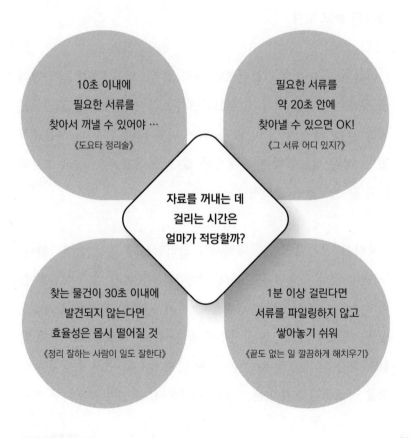

⊙ 정리는 꼼꼼한 사람만 하는 것이 아니다

사람들은 대부분 정리에 대해 '귀찮은 일', '꼼꼼한 사람들이나 하는 일', '업무와 별 상관이 없는 일' 등의 부정적 인식을 갖고 있다. 이와 관련 '일본 제1호 정리정돈 컨설턴트'인 고마츠 야스시는 정리정돈을 소홀히 하는 사람들이 거론하는 이유로 1) 정리정돈을 할 시간이 없다 2) 정리정돈이 우선순위가 낮다 3) 정리정돈을 어렵게 생각한다 4) 정리정돈의 장점이 와닿지 않는다 등 네 가지를 들고 있다.

미국의 공간관리 컨설턴트인 줄리 모건스턴은 '사람들이 정리를 못하는 원인은 제각기 다르다'면서 스무 가지나 되는 원인들을 열거한다. '물건의 집'이 없다, 일이 너무 많아 신경 쓸 여유조차 없다, 정리·정돈처럼 따분한 일은 없다, 물건에 대한 집착이 강하다와 같은 것들이 그것이다.

사람들은 자료정리에 대해서도 정리정돈과 똑같이 생각한다. '시간이 없다', '방법을 모른다', '어렵다' 등 여러 가지 이유를 들어가면서 아예 시도해볼 생각을 안 하거나, 막상 시작을 하더라도 몇 번 해보다가 그만두는 경우가 많다. 특히, 자료정리를 하지 않는 사람들은 '자료정리는 나하고는 맞지 않는다'면서 소질이나 성격을 자료정리를 못하는 이유로 내세운다. 주변이 깨끗하면 아이디어가 잘 떠오르지 않으며, 창의력이 넘치는 사람일수록 업무공간이 지저분하다는 주장을 펼친다. '엉망진창인 상태가 창조성을 드러내는 표지이고, 정리하느라고 시간과 정력을 너무 많이 쓰는 게 현명하지 않은 행동일 수 있다'고 주장하기도 한다.

서류정리 유형을 1) 독불장군형 2) 완벽주의자형 3) 예술가형 4) 신중론자형 등 4가지로 분류하는 사람도 있다. 이에 따르면 완벽주의자형과 신중론자형인 사람들이 서류를 깨끗하고 일목요연하게 정리하는 반면, 독불장군형과 예술가형은 머리에 저장하려고 하거나 제멋대로 뒤죽박죽인 상태로 내버려 둔다고 한다. 체질상 정리에 맞는 사람이 있고, 정리와는 담을 쌓고 지내는 것이 적성에 맞는 사람도 있다는 얘기다. 주변을 둘러봐도 이 말이 맞는 측면도 있는 것 같다.

하지만 성격에 따라 다소 차이는 있을 수 있겠지만, 자료정리는 누구나 해야 하는 일이다. 자료정리가 내 취향이 아니라고 해서 아예 모른 척 지낼 수는 없다. 정리는 해도 좋고 안 해도 되는 하찮은 일이 아니다. 자료를 빨리 찾는 차원의 단순한 문제가 아니라, 업무능률과도 직결되고 워라밸과도 밀접한 관련이 있는 중요한 사안이다. 자료정리가 처음에는 단조롭고 귀찮은 일이기는 하겠지만, 자꾸 하다보면 습관이 되고 재미도 느끼게 될 것이다. ('마법'이라고도 불러도 좋을 자료정리의 구체적인 효과에 대해서는 이어지는 장들을 참고하라.)

자료정리와 관련해서 두 가지 문제를 짚고 넘어가는 것이 좋을 듯하다. 한 가지는 '회사 공동의 자료관리 시스템이 있는 경우에도 굳이 개인적으로 자료정리를 할 필요가 있을까?'하는 것이다. 답은 '그렇다'이다. 회사 차원의 공동 자료관리 시스템이 있다면 당연히 자료를 최대한 공유할 수 있도록 노력해야 하겠지만, 완벽한 시스템은 없기 때문에 시스템 오류 등이 발생할 가능성을 염두에 두어야 한다. 내가 필요로 하는 모든 자료가 시스템에 등재되지 않고 누락되는 경우가 생길 수 있고, 이런저런 이유로 공용시스템에 올릴 수 없는 자료도 있을 수 있다. 따라서 회사 공동시스템을 자료정리 기반으로 삼되, 나름대로 개인적 자료정리도 병행하는 것이 필요하다.

두 번째로 생각해봐야 할 문제는 '관리자들도 자료정리를 해야 할까?'하는 것이다. 마찬가지로 답은 '그렇다'이다. 박원순 서울시장이 이에 대한 좋은 사례가 될 수 있을 것이다. 다음과 같은 기사가 신문에 실렸다.

"그의 꼼꼼한 성격을 잘 드러내는 것이 취임 후 2011년부터 모아온 2000여개의 서류철이다. 박 시장은 정책 서류와 아이디어 메모, 신문 스크랩 등을 주제별로 정리해 서류철을 만든 뒤 이를 수시로 펼쳐보며 시정의 세세한 부분까지 챙겨왔다. 지난 2월 디지

제1부 정리 잘하는 것이 일을 잘하는 것이다

털 시장실을 조성하면서 서류철이 가득 찬 책장을 치우고 그 자리에 대형 스크린을 설치했지만, 서류철을 공관으로 옮겨 보관하며 여전히 시정에 참고하는 것으로 전해졌다."(문화일보, 2019.10.29)

━━

　실무자들이 담당 업무와 관련된 자료를 알아서 정리·보관하겠지만, 관리자라고 해서 자료정리에 아예 무관심해서는 안 된다. 관리자라고 해서 자료정리의 예외는 아니며, 실무 담당자와 마찬가지로 자료정리를 해야 한다. 하지만 모든 자료를 일일이 다 보관할 것이 아니라 웬만한 자료는 일독하는 수준에서 그치고, 중요한 내용을 메모·정리하는 것이 필요하다. 그러면 자료가 필요할 때마다 직원들한테 부탁하지 않고 즉각 꺼내서 활용할 수 있고, 유사시에는 '안전장치'가 되어줄 수도 있을 것이다. 다만, 상급 직위로 올라갈수록 담당분야가 확대되는 만큼 전체적인 업무를 조망하고, 그에 맞는 업무 아이디어를 내고, 시대의 트렌드를 파악할 수 있도록 '큰 틀'에서 자료를 정리하는 노력이 필요하다. 현안이 종료될 경우에는 보관자료를 폐기해도 되겠지만, 담당자에게 넘겨주어 '체크' 후 처리하도록 하는 것도 좋을 것이다.

정리는 우물을 파는 일이다

☺ 정리하면 '가용' 정보량이 대폭 늘어난다

《28》,《7년의 밤》 등 추리소설로 유명한 정유정 작가는 "쓰고자 하는 세계에 대해 아는 게 없으면 아무 것도 쓸 수 없다."고 말한다. 글을 쓰기 위해 수많은 책을 읽고 전문가 섭외와 취재를 하고, 글을 쓰는 과정에서 또 보충취재를 한다.

기업인들이 한 끼 식사를 같이 하려고 줄을 서는 투자의 귀재 워런 버핏은 하루 중 80%의 시간을 자신의 투자결정에 영향을 줄 수 있는 세부사항들을 알아내는 데 쓴다. 그는 정보를 배우고 모으는 일을 절대 멈추지 않는다.

얼마전 은퇴한 마윈 전 알리바바그룹 회장은 지난 2015년 강연에서 "앞으로 10년 후 세계 최대의 자원은 석유가 아니라 데이터가 될 것"이라면서 "누가 좀더 많은 데이터를 갖고 좀더 빠른 속도로 처리해 가치를 창출할 수 있느냐가 경쟁력"이라고 말했다.

이와 같이 작가, 투자자, 기업인 등 누구나 할 것 없이 자료 축적의 중요성을 강조하고 있다. 직장인도 마찬가지다. 누가 양질의 정보를 잘 관리하느냐에 따라 직장생활의 질이 달라진다.

우리는 앞 장에서 자료를 쌓아두어서는 안 된다는 점에 대해 얘기했다. 이것은 자료를 관리하지 않은 상태로 무턱대고 쌓아 놓아서는 안 된다는 것이지, 자료를 조금만 보관해야 한다는 의미는 아니다. 오히려 그 반대다. 자료는 많아야 한다. 자료는 성공적인 직장생활을 위해 꼭 갖춰야 하는 자산이다. 맨땅에 헤딩을 할 수는 없다. 자료가 있어야 '지지고 볶고' 할 수 있고, 옴짝달싹할 수 있다. 자료가 뒷받침되어야 트렌드에 맞게 회사의 업무 방향을 설정할 수 있고, 다양한 사례를 들어가며 보고서와 회의·프레젠테이션 자료를 준비할 수 있고, 타사 제품에 비해 우수한 점들을 고객들에게 설득력 있게 설명할 수 있다.

이처럼 자료는 업무를 효율적으로 수행하기 위한 기초재료다. 기초공사가 튼튼해야 강력한 태풍에도 무너지지 않는 튼튼한 댐을 건설할 수 있듯이 자료는 직장생활을 위한 기반이다. 필요한 사안이 생길 때마다 자료를 찾아서 활용하는 방법도 가능하겠지만, 일이 닥쳤을 때 급하게 찾다보면 '정보의 홍수' 속에서 원하는 자료를 찾기 힘들고, 누락되는 것들도 많을 테니까, 미리미리 확보해서 저장해 둔다는 생각으로 관리하는 것이 최선이다. 양질의 정보를 사전에 많이 확보해 놓고 있으면 그것만으로도 남들보다 한발 앞서 출발하는 셈이 된다. 늘 정리되어 있는 사람은 다른 사람보다 스타트라인이 몇 발자국 앞서 있다. 어떤 일을 하려고 할 때 곧바로 시작할 수 있기 때문이다.

자료는 수없이 많다. 내 앞에 놓인 자료들을 카테고리별로 간단히 분류해 놓기만 해도 필요할 때 언제든지 활용할 수 있는 정보로 탈바꿈한다. 엄청난 용량의 나만의 데이터베이스를 구축할 수 있게 된다. 단순히 기계적으로 분류하는 데서 그치지 않고 더 나아가 이들 자료를 한 데 묶고, '행간을 읽어서' 잘게 쪼개고 나누고 하는 작업을 하게 된다면 이들 자료는 '아이디어 뱅크'가 되어 줄 수도 있다. 자료는 정리하는 순간 '내 것'이 되어 알라딘의 마술램프 요정 '지니'처럼, 우리가 자는 동안에 집안일을 대신 해주는 '우렁각시'처럼 직장생활을 위한 유용한 조력자가 되어줄 것이다. (자료를 분류하고, 의미 있는 2차 자료로 가공·재생산하는 방법에 대해서는 제2부 2장과 제3부 2장에서 자세히 다룰 것이다.)

이처럼 우리 앞에 놓인 자료를 잘 정리하기만 해도 가용 정보량은 엄청나게 늘어나지만, 가만히 앉아서 자료가 내 손에 들어오기를 기다리기만 해서는 안 된다. 자료가 지천에 깔려 있어도 관리해야 내 것이 된다. 신문이나 책 등 다양한 '루트'를 통해 업무에 관한 정보를 지속적으로 찾고 '내 것'으로 만들려는 노력이 필요하다. 일찍 일어나는 새가 벌레를 잡는 법이다.

⊙ 업무 수준이 높아진다

히말라야에 오르는 전세계의 등반대들을 일일이 인터뷰하여 사소한 정보까지 기록으로 남김으로써 '히말라야의 기록자'로 불리는 사람이 있다. 엘리자베스 홀리 여사다. 히말라야 등정 기록에 관해 독보적인 권위를 갖고 있다. 2010년도에 산악인 오은선씨의 히말라야 14좌 완등 여부가 논란이 되면서 우리나라 언론에도 소개되었다.

오은선씨는 2010년에 안나푸르나를 등정함으로써 세계 최초로 히말라야 8,000미터 이상 14좌를 완등한 여성 산악인이 되는 영광을 차지할 수도 있었지만, 스페인측에서 오은선씨가 2009년에 칸첸중가를 등정한 데 대해 의혹을 제기함에 따라 논란이 일었다. 이 때 홀리 여사는 "오은선씨가 칸첸중가를 등정하지 않았다고 입증될 때까지는 등정에 성공한 것으로 여기겠다."면서도 기록에는 '논란중'이라고 표시하겠다는 입장을 밝혔다. 현재도 오은선씨의 등정과 관련한 기록에는 '논란중'으로 표시되어 있다.

홀리 여사에 대해 재미있는 에피소드가 있다. 네팔의 수도 카투만두에 있는 한 음식점에서 히말라야 등정에 성공한 사람들에게 음식을 무료로 제공했는데, 한번은 어떤 사람이 이름을 대면서 에베레스트를 등정했다며 공짜 점심을 먹으려고 해서 홀리 여사에게 확인을 요청했다. 그러자 홀리 여사는 "등정을 한 것은 사실이지만, 하산 도중에 숨겼기 때문에 즐거운 공짜식사를 하기에는 어려움이 있을 것"이라고 대답했다.

《히말라야의 영원한 등반기록자 엘리자베스 홀리》라는 책을 쓴 버나데트 맥도널드는 홀리 여사가 사무실을 겸해서 쓰고 있는 거실을 둘러본 후에 "관련서류들이 빼곡한 고풍스러운 목재 책장에는 홀리가 조사한 모든 등반이 연도와 산, 루트로 구분된 파일로 분류·정리돼 있었다. … 이렇게 정리·기록된 폴더가 수천 개나 있어, 결국 네팔 히말라야의 등반역사가 이 파일들 안에 담겨있는 셈이었다."고 느낌을 적었다.

홀리 여사는 이와 같이 꼼꼼히 정리하는 노력이 있었기 때문에 사람들로부터 기록에 대한 신뢰를 확보할 수 있었고, 히말라야 등반사를 국제적으로 인정받는 수준으로 올려놓을 수 있었던 것이다.

직장에서도 자료정리를 하면 업무수준을 획기적으로 높일 수 있다. 자료를 정리하다 보면 전체를 바라보는 안목이 생기고 미래

제1부 정리 잘하는 것이 일을 잘하는 것이다

에 대한 예측과 전망이 가능해진다. 신규상품 개발과 같은 사업 추진안을 기획하고, 내 주장을 상대편에게 이해시키려고 할 때 객관적이고 설득력 있는 근거와 사례를 제시할 수 있다. 또한 업무 노하우를 자료의 형태로 후임자에게 넘겨줌으로써 결과적으로 회사 전체 차원의 업무효율 제고에도 도움이 된다.

특히, 자료정리를 하면 보고서 수준이 크게 향상된다. 무엇보다도 보고서에 정확하고 충실한 내용을 담을 수 있게 된다. 보고서 작성을 집짓기에 비유한다면 자료는 벽돌과, 벽체, 지붕 등 집을 구성하는 모든 재료가 된다. 자료가 많을수록 집은 튼튼하고, 이용하기 편하고, 아름다워질 것이다. 자료정리를 하면 보고서에 생생한 현장감과 무게감을 불어넣는 것도 가능해진다.

수년 전에 『기우제 주인공은 여성』이라는 연합뉴스 기사를 재미있게 읽고 나서 메모를 해 두었다. 전국의 명산과 사찰에서 가뭄 해소를 기원하는 기우제가 열리는 것을 계기로 작성·보도된 기사였는데, 우리나라뿐 아니라 세계 각지의 기우제에 대한 자세한 설명이 담겨있었다. 밋밋한 내용이었다면 메모를 하지 않고 그냥 한 번 읽어본 것으로 끝나고 말았을 것이다. 보고서도 마찬가지다. 내용이 풍부하면 읽는 재미를 주어 관심을 끌게 되고 읽는 사람, 즉 '결재권자'에게 신뢰감도 주게 된다.

필자가 입사 초기에 같이 근무했던 상사 가운데 자료를 참고하지 않고도 훌륭한 보고서를 쓰는 분이 있었다. 필자가 며칠 동안 힘들여 보고서를 작성해서 결재를 올렸는데, 한 번 쓱 훑어보고 옆에 치워놓고는 A4 용지를 꺼내 그 자리에서 몇 페이지에 달하는 양을 쭉쭉 써내려갔다. 건네받아서 타이핑했더니 손볼 데가 한 군데도 없는 완벽한 보고서였다. 마음속에서 존경심이 우러나왔다.

하지만, 이것은 특별한 경우다. 상사가 대단한 기억력의 소유자이기도 했지만, 오랜 기간 똑같은 업무를 반복하다 보니 관련내용이 자연스럽게 체화된 측면도 있고, 당시 작성한 보고서가 구체적인 세부사항을 담은 것이 아니라 업무의 큰 틀을 제시하는 보고서였기 때문에 가능했던 측면도 있다. 이제와 보니 '어쩌면 필자의 보고서를 결재하기 전에 미리 보고서에 넣을 내용을 구상해 두었는지 모르겠다.'는 생각도 든다.

머릿속에 든 지식만 갖고도 보고서를 작성할 수는 있겠지만, 자료 없이는 구체적이고 충실한 내용을 보고서에 담기 어렵다. 내 생각만 갖고는 공감을 얻을 수 없다. '앙꼬 없는 찐빵'이 될 수 있다. 자료가 뒷받침될 때 보고서는 비로소 생명력을 갖는다. 자료 정리 없이는 불가능한 일이다.

직장인들은 업무 과정에서 기안서, 상황보고서, 회의자료, 공문, 행사기획서 등 수많은 문서를 작성하게 된다. 웬만한 사항은 종이문서와 전자문서 등 문서 형태로 보고하고 결재를 한다. 이와 같이 문서가 직장 생활의 중요한 부분을 차지하고 있는 현실을 감안한다면 문서작성 수준의 제고는 곧 업무능력 향상으로 이어진다고 말해도 과장이 아닐 것이다. 자료정리가 선택이 아닌 필수가 되어야 하는 이유이고, '나'를 어필할 수 있는 '기회의 장'이 될 수도 있는 이유다.

⊙ 업무 속도가 빨라진다

《잘 나가는 인재가 되기 위한 1% 채우기》라는 책에는 17세기 영국과 스페인간의 해전에서 영국이 승리한 것은 포탄을 잘 분류해서 사용했기 때문이라는 이야기가 나온다. 스페인 군인들이 온갖 포탄을 한 군데 모아놓았기 때문에 포를 쏠 때마다 포탄을 찾느라 오랜 시간이 걸린 반면에, 영국 군인들은 대포에 맞는 포탄을 옆에 쌓아놓고 전쟁을 한 결과 속도에 차이가 날 수 밖에 없었고, 이는 당연히 전쟁의 승패로 연결되었다고 한다. 이렇듯 분류·정리는 '속도'와 직결되어 전쟁의 승패를 결정할 정도로 중요한 것이다.

직장도 전쟁터와 매한가지다. 정리, 특히 자료정리는 업무의 승패를 결정짓는 핵심적 요소가 될 수도 있다. 자료를 정리하면 업무속도가 빨라진다. 필요한 자료를 찾기 위해 시간을 낭비하지 않아도 되고, 자료정리를 하면 차분하고 안정된 분위기에서 집중할 수 있게 되어 업무에 가속도가 붙는다. 이와 같이 업무속도가 빨라지면 한 가지 업무를 빨리 처리한 후 곧바로 다른 업무를 시작할 수 있어 업무에 끌려 다니지 않게 되고, 결과적으로 업무성과 향상으로 이어진다. 자료정리는 목마르기 전에 미리 우물을 파놓는 일인 것이다.

이와 같이 자료정리가 갖는 업무시간 단축과 생산력 향상, 업무성과 측면에 대해 전문가들은 다음과 같이 말한다.

⊙ "정리란 시간을 손에 넣기 위한 것이다. 업무속도가 빠르면 같은 시간에 할 수 있는 일의 양도 많아진다."

⊙ "업무속도는 성과로 직결된다. 사소해 보이는 시간도 효율을 높여 단축한 시간이 점점 쌓이면 무시할 수 없는 시간이 되어 생산성에 커다란 영향을 줄 것이다."

⊙ "청소하고 정리 정돈하여 깔끔하게 정리해 놓으면 일하는 사람의 집중력이나 생산력을 높여준다."

제1부 정리 잘하는 것이 일을 잘하는 것이다

업무속도가 빨라지면 개인생활 측면에서도 많은 이점이 있다. 근무시간 내에 일을 마무리할 수 있으니까 밀린 일을 처리하느라 밤늦게까지 야근을 하지 않아도 된다. 가벼운 발걸음으로 일찍 퇴근해서 저녁시간을 자기개발이나 운동에 활용할 수 있고, 가족과 저녁식사를 함께 하면서 대화의 시간을 가질 수도 있다. '저녁 있는 삶'이 가능해지는 것이다.

취업사이트 사람인이 2018년 4월에 직장인 773명을 대상으로 수면 실태에 대해 조사했다. 응답자의 75.7%가 수면시간이 부족하다고 대답했는데, 이중 25.2%가 '과중한 업무로 인한 잦은 야근'을 수면부족의 주요 요인으로 지적했다.

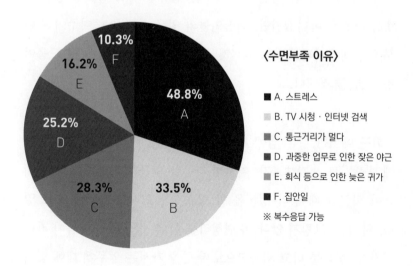

〈수면부족 이유〉

■ A. 스트레스
■ B. TV 시청 · 인터넷 검색
■ C. 통근거리가 멀다
■ D. 과중한 업무로 인한 잦은 야근
■ E. 회식 등으로 인한 늦은 귀가
■ F. 집안일
※ 복수응답 가능

일자리 정보 제공 사이트인 '벼룩시장구인구직'이 2018년 5월에 20대 이상 직장인 884명을 대상으로 실시한 설문조사 결과도 있다. 입사 후 2년 이내에 퇴사했다고 응답한 사람이 50%가 넘었는데, 이들이 퇴사 이유로 가장 많이 거론한 것이 '지나치게 많은 업무량과 잦은 야근'이었다. 퇴사 경험이 없는 응답자 중에서도 80% 가까운 사람들이 퇴사 충동을 느끼고 있거나 느낀 적이 있다고 답했는데, 마찬가지로 '많은 업무량과 야근'이 가장 높은 비율을 차지했다. (이밖에도 상사/동료와의 갈등(29.8%), 낮은 연봉(17%), 내 사업을 하고 싶어서(5.3%), 회사의 미래가 불확실해서(4.3%), 이직 제안을 받아서(3.2%) 등도 퇴사 충동을 느낀 이유들이다.)

직장인들의 슬픈 현실을 보여주는 조사결과다. 자료정리가 '만병통치약'은 아니겠지만, 직장인들의 업무 부담을 줄여주어 수면부족과 퇴근시간 후 야근을 '옛날 얘기'가 되도록 하는 데 도움이 될 수 있을 것이다.

퇴근 얘기가 나온 김에 '퇴근할 때 주변을 정리·정돈'하는 문제에 대해서도 생각해보자. 어차피 다음날 출근해서 일해야 할 텐데 굳이 퇴근할 때 정리·정돈을 할 필요가 있느냐고 생각할 수도 있다. 하지만, 그렇지 않다. 주변정리를 한 후 퇴근하면 마음이 가벼워진다. 정리를 하고 퇴근함으로써 집에 가서는 업무에 대해 잊어버리고 지낼 수 있는 여유가 생긴다.

제1부 정리 잘하는 것이 일을 잘하는 것이다

중고등학생 때 시험준비를 하다 깜빡 잠들었다가 꿈속에서 시험공부를 열심히 한 적이 한 번쯤은 있을 것이다. 잠에서 깨어 공부해야 할 분량이 그대로 남아있는 것을 알고 얼마나 실망을 했는지! 필자의 아내는 맞벌이를 하면서도 '적어도 아침식사만큼은 집에서 해야 하지 않겠느냐'며 일찍 일어나서 국을 끓여 아침밥을 차려준다. 아침시간은 출근준비로 시간이 촉박해서 주로 전날 저녁에 국 끓일 재료를 준비해 놓는데, 그렇지 못한 날은 밤새 꿈속에서 국을 끓이다가 깬다고 한다.

이렇듯 준비와 정리가 되지 않으면 마음에 부담을 갖게 되어 퇴근을 하고 나서 집에 돌아와서도 업무에 대해 계속 생각을 하게 되고 잠을 잘 때 업무를 하는 꿈을 꾸게 된다. 그런 때는 마치 밤을 샌 것처럼 다음날 아침에 피곤함을 느낀다. 퇴근할 때 주변정리를 하면 전혀 달라진다. 업무에서 자유로워져서 푹 자고 일어나 산뜻한 아침을 맞을 수 있다.

'퇴근시 주변정리'가 주는 더 큰 효과가 있다. 주변을 정리한 후 퇴근하면 다음날 출근해서 바로 업무에 집중할 수 있게 된다는 점이다. 퇴근할 때 몇 분 정도의 시간을 투자해서 주변을 정리하고 다음날 할 일을 메모해 두는 것만으로도 다음날 출근해서 시간 낭비 없이 바로 업무를 시작할 수 있다. 이는 자연스럽게 업무의 효율성을 높이는 것으로 이어질 수 있을 것이다.

시장상인들은 가게 문을 닫을 때는 좌판을 걷고 다음날 아침에 장사를 시작할 때 다시 깐다. 우리도 똑같이 따라 해보자. 퇴근할 때 주변을 정리하고 출근한 후에 필요한 자료와 물건을 다시 꺼내 놓자. 이러한 잠깐의 습관은 자료 정리를 지속적으로 유지해 나갈 수 있게 하고, 업무 성과를 높이는 힘이 되어줄 것이다.

☺ 정리는 아이디어의 원천이다

이케아(IKEA)는 전 세계에 널리 알려진 스웨덴의 조립식 가구업체다. 이케아는 1943년에 다양한 상품을 판매하는 작은 우편주문회사로 출발했다. 회사명은 설립자의 이름(잉바르 캄프라드)과 가족농장(엘름타뤼드), 가족농장이 있는 지역(아군나뤼드)의 앞자를 따서 지은 것이다. 우리나라에도 광명시에 1호점이 개설되고, 이어 경기도 고양시와 기흥에도 매장이 설치되었다. 강동구에도 대규모 매장이 건설될 예정으로 있다. 설립자인 캄프라드는 1956년에 한 종업원이 고객 차에 테이블을 실으려고 다리를 분리하는 것을 보고 납작한 상자에 가구 부품들을 넣어서 파는 DIY 가구('플랫팩')를 생각해냈다. 이 아이디어로 인해 소규모 회사였던 이케아는 전세계에 400여개의 매장을 보유하는 글로벌 기업으로 성장할 수 있었다.

『토이스토리』와 『니모를 찾아서』 등 애니메이션 작품으로 유명한 픽사 스튜디오는 업무시간 중 직원들의 개인 활동을 허용하고 있다. 직원들은 근무시간에 자유롭게 놀이든 수영이든 하고 싶은 것을 할 수 있다. 마이크로소프트는 2017년 10월 시애틀 본사에 회의실과 휴식공간 등으로 사용할 수 있도록 나무집을 지어 직원들에게 개방했다. 영화 『호빗』에 나오는 난장이 마을의 '호빗 집'을 본따서 지었는데, 천장에는 둥근 채광창을 달고 문 앞에는 넓은 마루도 만들었다. 픽사 스튜디오와 마이크로소프트 모두 직원들의 창의력과 상상력을 키우려는 목적으로 이런 아이디어들을 냈다.

아이디어가 기업 운영에 중요한 요소이듯이, 직장인 개개인의 차원에서도 아이디어는 성공적인 회사생활을 위해 반드시 갖춰야 하는 필수요소다. 직장생활을 하려면 새롭고 독창적인 사업안을 기획해야 하고, 업무개선을 위한 발전적 아이디어를 끄집어내는 것이 필요하다. 결재라인에 있는 상사들의 관심을 끌 수 있는 보고서를 작성하기 위해서도 다들 알고 있는 내용이 아니라 참신한 사례와 구성 등 온갖 '장치'를 생각해내야 한다.

사무실 회식과 송년회와 같은 업무 외적인 문제의 경우에도 단순히 술자리를 갖는 것으로 그치지 않고 기억에 남는 특별한 이벤트가 될 수 있도록 아이디어를 낼 수 있다면 사무실 분위기를 훨

썬 활기차게 만드는 데 도움이 될 것이다. 필자는 회식 때 단지 식사만 하는 것이 아니라 『타이타닉』과 같은 뮤지컬 공연을 함께 보고, 1인당 100불을 내면 랍스터와 망고 등 고급과일을 마음껏 먹을 수 있는 음식점에서 식사를 한 후에 제2롯데월드 전망대에 올라가는 프로그램 등을 추진한 적이 있다. 당연히 직원들의 만족도는 매우 높았다.

이와 같이 직장생활의 '거의 모든 것'에 아이디어가 필요하다. 자료정리는 아이디어를 필요로 하는 직장인들에게 유용한 수단이 되어줄 수 있다. 자료를 정리·분류하다 보면 다양한 아이디어가 떠오른다. 자료를 정리할 때는 카테고리별로 나눠서 보관하게 되는데, 카테고리 하나하나가 사업 아이템이 되기도 하고 보고서 소재가 되기도 한다.

정리하는 과정에서는 물론 보관되어있는 자료를 훑어볼 때도 여러 가지 아이디어를 얻게 된다. 특히, 컴퓨터 화면을 들여다보는 것보다 종이문서를 넘기는 것이 효과적이다. 종이를 한 장 한 장 넘기다보면 뜻밖의 좋은 아이디어가 생각나는 경우가 많다. (종이문서를 넘길 때 생각이 잘 나는 것은 '촉각'과 관련이 있다. 이에 대해서는 다음 장을 참고하라.)

앞장에서 우리는 정리 가능한 수준이라면 가능한 한 많은 양의 자료를 보관하는 것이 좋다고 얘기했다. 《철학은 어떻게 삶의 무기가 되는가》를 쓴 일본의 대표적 지식인인 야마구치 슈는 "지식의 양이 10배가 되면 그 지식의 조합에 의해 생성되는 아이디어의 수는 100배 이상이 된다."고 말한다. 자료가 많으면 아이디어를 낼 수 있는 가능성도 그만큼 커진다.

'정리 잘하는 직원 = 일 잘하는 직원'이다

⊙ 자료정리를 잘하면 좋은 평가를 받는다

음식점에 들어갔는데 식재료를 담은 박스가 여기저기 쌓여있고 청소도구가 통로에 놓여있는 등 지저분하고 어수선한 분위기라고 가정해보자. 어떤 기분이 들까? 그냥 나갈까 망설여질 것이다. '보기 좋은 떡이 먹기도 좋다'는 속담처럼 음식점도 정리되어 있고 깔끔해야 좋은 인상을 준다. 첫인상이 좋지 않으면 위생 상태에 신뢰가 가지 않고, 신선한 재료를 사용했을까 하는 의심도 들게 된다. 설혹 맛있다고 소문난 음식을 먹게 된다고 해도 맛이 반감될 수밖에 없다.

그만큼 정리는 중요하다. 사무실에서도 마찬가지다. 어떤 사람의 책상이 온갖 문구류로 어질러져 있고, 자료가 산더미처럼 쌓여있고, 먼지가 굴러다닌다면 주변 사람들에게 어떤 인상을 주게 될까? 함께 일하고 싶고, 믿고 일을 맡겨도 되겠다고 생각할까? 아마도 십중팔구 정반대일 것이다. 그 직원이 골치 아픈 문제를 일으키지나 않을지, 자료를 찾다가 소중한 근무시간을 다 보내는 것이나 아닐지 우려의 눈으로 바라보게 될 것이다. 반면에 책상과 자료를 잘 정리하는 직원이 있다면 틀림없이 좋은 인상을 주게 될 것이다. 업무도 효율적으로 잘 하는 직원일 것이라고 생각하게 될 것이다.

밀리언셀러 작가인 레일 라운즈는 그녀의 저서 《능력을 두 배로 인정받는 최강의 일머리》에서 "당신의 너저분한 업무공간을 타인이 목격할 경우, 사람들은 당신의 일처리 방식도 똑같이 너저분할 거라고 지레짐작한다."고 말한다. 기업정리력 전문가인 공민선씨도 서류더미를 쌓아놓고 컴퓨터를 켜놓은 채 퇴근하는 한 직원에 대한 느낌을 말하고 있는데, '이러한 작은 행동'으로 인해 그 직원의 일처리를 신뢰할 수가 없게 되고, 함께 프로젝트를 진행할 때마다 몇 번씩 확인하는 버릇이 생겼다고 한다. 아마도 모든 사람들이 이들과 똑같은 생각일 것이다.

〈정리 잘하는 사람 vs 못하는 사람에 대한 일반적 인식〉

정리 잘하는 사람	정리 못하는 사람
● 업무를 효율적으로 한다	● 일하는 시간보다 자료를 찾는데 많은 시간을 보낸다
● 업무속도가 빠르고, 정해진 시간 내에 업무를 끝낸다	● 업무속도가 늦다
● 집중해서 일한다	● 주의력이 산만하다
● 단정하고 깔끔하다는 인상을 심어 준다	● 주변 사람들로부터 신뢰를 받기 힘들다

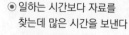

오래 전에 필자의 근무처와 관련된 기사가 조간신문에 보도된 적이 있다. 맡은 업무와 직접적인 관련은 없었지만 나중에 참고하게 될 수도 있을 것 같아 출근하자마자 보도 내용을 현 상태, 문제점, 대책방향 등 몇 개 카테고리로 나눠 정리를 해두었다. 그런데 갑자기 전체 임원회의가 소집되어, 우리 사무실에서도 팀장님이 참석해야 하는 상황이 발생했다. 아직 이른 시간이라서 자료정리를 해둔 직원이 없었는데, 팀장님은 필자가 정리해 둔 자료를 보고는 출력해달라고 해서 회의에 들고 가셨다.

한참 후에 밝은 표정으로 돌아오신 팀장님은 갖고 간 자료가 인기 있었다면서 칭찬을 해 주셨다. 대부분의 사무실에서 미처 회의 자료를 준비하지 못했다고 한다. 이렇게 해서 나는 우연치 않게 신임을 얻게 되었다. 이후 팀장님은 무슨 일이 생기기만 하면 필

제1부 정리 잘하는 것이 일을 잘하는 것이다

자를 찾았다.

　필자의 개인적인 경험이지만, 어느 사무실에서든 충분히 일어날 수 있는 일이다. 자료정리는 단순히 주변에서 좋은 평가를 받는 데서 그치지 않는다. '일을 잘하는 사람'이라는 평가를 받게 되어 자연히 업무 기회의 확대로도 연결된다. '큰 일'을 맡겨도 될 사람으로 인식되어 회사에서 새로운 프로젝트를 추진할 때마다 우선적인 고려 대상이 될 것이다. 그러다 보면, '없어서는 안 될' 직원이 되어 회사내 위치도 확고해질 것이다.

　뮌헨 비즈니스 스쿨의 교수이자 저명 경영컨설턴트인 잭 내셔는 "사람들은 몇 가지 사실만으로도 한 사람의 전체적 이미지를 만들어내며, 어떤 사람의 능력이 뛰어나다고 평가되면 유능함을 뒷받침해주는 특성과 사건들을 주로 기억한다."고 말한다. 내셔 교수의 말처럼 한번 어떤 사람에 대해 긍정적 이미지를 갖게 되면 계속 그러한 방향으로 '선순환'된다.

　자료정리는 사람들에게 긍정적 인상을 줄 수 있는 가장 쉬운 길이다. 약간의 노력만 기울이면 누구나 할 수 있는 일이기도 하다. 이렇게 '수지맞는 장사'를 하지 않는다면 너무 아깝지 않을까?

⊙ 정리해두면 어떤 상황에도 대처할 수 있다

직장생활을 하다 보면 예상하지 못한 상황에 처하는 일이 종종 있다. 상사로부터 특정사안에 대해 '긴급 보고'하라는 지시를 받는 것도 그러한 상황 가운데 하나다. 그럴 때는 어떻게 '난국'을 헤쳐 나가야 할지 난감하다. 깜깜한 터널이 떡하니 앞을 가로막고 있다. 시간은 촉박한데 도저히 길은 보이지 않는다.

자료정리는 이와 같이 긴박한 업무지시가 떨어졌을 때 진가를 발휘한다. 평소에 자료정리를 해놓아서 이미 관련자료가 다 준비되어 있는 상태라면 곧바로 작업에 착수할 수 있다. 업무 지시를 받은 사안뿐만 아니라 이와 관련된 다른 사안까지 포함시켜 멋지게 보고서를 작성할 수 있다. 예쁘게 보이도록 글자체와 띄어쓰기 같은 세세한 부분까지 신경을 쓸 수 있고, 보고에 앞서 내용에 오류가 없는지, 오탈자는 없는지 확인하는 여유도 가질 수 있다. 하지만, 반대의 경우라면 마음만 바빠 허둥지둥하다가 시간에 맞춰 보고하는 것조차 어려운 일이 되고 만다.

한꺼번에 여러 가지 일이 몰려서 동시에 작업을 진행해야 하는 상황도 발생한다. 바쁠 때는 얄궂게도 '머피의 법칙'이 예외 없이 머리를 들이민다. 자료정리는 이런 상황에서도 효과를 발휘한다. 자료가 잘 정리되어 있다면 필요한 자료를 바로바로 꺼내 쓸 수 있기 때문에 짧은 시간 안에 많은 일을 처리하는 것이 가능하다. 정리정돈이 되어 있는 사람은 결단력과 행동 등 모든 면에서 속도가 빠르기 때문에 업무에 가속도가 붙게 된다.

또 다른 상황도 생각해 볼 수 있다. 직장인들은 한 부서에 오래 근무하는 경우도 있지만, 회사 전체 차원의 인력조정 필요성 때문에, 혹은 개인적인 의사 등으로 인해 부서를 옮기는 일이 드물지 않게 발생한다. 업무 연속성을 위해 대부분 유관부서로 이동하지만, 지금까지 해오던 업무와 전혀 무관한 부서로 배치받기도 한다. 이럴 때는 기존에 정리해둔 자료는 떠나는 사람에게는 소용이 없다. 새로운 부서에 갖고 가봤자 쓸 일이 없다. 후임자를 위해서도 자료는 남겨두고 가야 한다.

하지만, 이런 때도 자료정리는 의미를 갖는다. 자료정리를 지속적으로 해온 사람이라면 그간 자료 정리·분류를 통해 쌓아온 노하우가 있기 때문에 단기간내에 새로운 업무에 적응하는 것이 가능하다. 자료정리 습관이 몸에 배어서 새로운 부서로 옮기더라도 바로 자료정리를 시작할 테니까 자료도 금방 축적될 것이다.

동료직원이 출장이나 건강 문제 등으로 인해 장기간 출근하지 못하는 상황이라면 어떨까? 직속 상관이 오랫동안 자리를 비울 경우에는 '직무대리'로 일해야 하는데 이런 경우는 또 어떨까? 마찬가지다. 자료정리를 습관처럼 해온 사람이라면 비록 관련업무를 잘 모르더라도 동료직원·상사가 보관해둔 자료부터 읽으면 금방 업무를 파악할 수 있다. 혹시 보관된 자료가 없다고 하더라도 당장은 불편하겠지만 노하우를 갖고 있기 때문에 업무를 파악하고 나만의 '자료창고'를 구축하는데 그리 오랜 시일이 걸리지 않을 것이다.

전임자가 자료를 보관해두지 않았다면 후임자는 힘들어진다. 가뜩이나 근무 환경이 바뀌어서 낯선데 백지 상태에서 처음부터 업무를 시작해야하기 때문에 이중의 부담으로 작용한다. 주변사람들에게 피해를 주지 않는 차원에서도 자료정리는 필요하다.

⊙ 정리는 기억력 보조장치다

산에 오를 때 가끔 나무 위를 오르내리는 다람쥐를 발견한다. 그럴 때면 오래 전에 햄스터를 키웠던 기억이 떠오르곤 한다. 지금은 대학생이 된 딸애가 초등학생 때 직접 키워보겠다고 학교 앞에서 사왔는데, 얼마 지나지 않아 햄스터에게 먹이를 주고 집을 청소하는 일 등이 모두 필자의 일이 되었다. 먹이를 줄 때면 햄스터가 노는 것을 한참 들여다보았다. 앙증맞은 앞발로 먹이를 돌려가면서 베어 물고는 입 안에 가득 넣고 오물거리는 모습이 참 귀여웠다.

다람쥐는 숲속을 부지런히 뛰어다니면서 도토리를 주어모아 볼이 미어지도록 입 안에 집어넣는다. 하지만, 대부분은 바로 먹지 않고 입에 넣은 채로 어디론가 갖고 간다. 나중에 먹기 위해서 저장해 놓으려는 것이다. 한 군데 숨기지 않고 여러 곳에 분산시키는데, 다른 동물에 빼앗길 경우에 대비한 본능적인 행위일 것이다. 다람쥐는 도토리를 감춰놓은 장소를 용케 기억해서 나중에 찾아 먹는다. 100% 다 찾지는 못한다고 하지만 넓은 숲 속에서 그렇게 장소를 기억해둘 수 있다는 것이 놀랍다.

사람들 가운데도 특별한 기억력을 가진 사람이 있다. 망누스 칼센이라는 노르웨이 체스선수는 23세 때 세계 최고 자리에 올랐는데, 체스판을 보지 않고 기억만으로 동시에 열 개의 체스게임을 복기할 수 있었다고 한다. 필자의 상사 중에도 특히 통계수치 등에 강한 기억력을 갖고 있는 분이 있었다. 보고서 검토 과정에서 본인이 기억하고 있는 연도라든지 퍼센트 같은 것을 추가하고는 했는데, 확인해보면 신기하게도 정확하게 맞았다.

하지만, 대부분의 사람들은 기억을 잘 하지 못한다. 방금 전에 들은 얘기라도 조금만 지나면 가물가물해지고, 감명 깊게 읽은 책

내용도 금방 잊어버린다. 기억력이 아무리 좋은 사람이라고 하더라도 모든 것을 머릿속에 기억하는 것은 불가능하다. 인간의 기억 용량에는 한계가 있기 때문에 과거에 어디선가 보았던 것을 나중에 정확히 기억해내는 건 쉽지 않다.

영국의 작가 줄리언 반스가 《예감은 틀리지 않는다》라는 소설을 써서 한강씨의 수상으로 국내에도 잘 알려져 있는 맨부커상을 수상했다. 이 작품에는 주인공 토니가 40년 전에 친구에게 보낸 편지 내용이 자신이 기억하고 있는 것과 완전히 다르다는 것을 알게 되어 충격에 빠지는 장면이 나온다. 그만큼 인간의 기억은 부정확하고 불완전하다. 오래 된 기억은 왜곡되기까지 한다. 그렇지만 걱정하지 않아도 된다. 수첩이라든지 메모앱 같은 기억력을 보완할 수 있는 장치들을 활용하면 되니까 기억력이 나쁘다고 상심할 일은 아니다.

직장인들에게 자료정리는 수첩이나 메모앱과 같은 '기억력 보완장치'다. 자료정리를 잘 해 놓으면 기억력이 좋지 않다고 불안해 할 필요가 없다. 아니, 그 이상이다. 자료를 보관해 놓으면 필요할 때 언제든 찾아서 쓸 수 있으니까 잊어버려도 된다. 《메모의 기술》로 잘 알려진 사카토 켄지도 정리를 위한 6가지 원칙 중 하나로 '일단 정리가 끝나면 머릿속에서 지워버릴 것'을 제시하고 있다. (다른 다섯 가지 원칙은 △버리는 규칙을 정한다 △분류에 대한 규칙을 만든다 △내용을 한눈에 알아볼 수 있는 구조로 만든다 △언제나 볼 수 있는 상황·환경으로 만든다 △눈앞에서 치운다 등이다.)

신경 쓸 일이 많은데 자료 내용을 일일이 다 기억하지 않아도 되는 건 얼마나 다행스런 일인가!

자료정리를 하면 보관·관리되는 자료가 '기억력 보조장치' 역할을 하게 되지만, 그 과정에서 자료내용 중 상당부분이 자연스럽게 머릿속에 '입력'되니까 두 배의 효과가 있는 셈이다. 종이자료를 손으로 넘길 때 기억에 더 많이 남는데, 그것은 손이 '밖으로 나와 있는 뇌'라고 할 정도로 뇌와 밀접한 관계를 맺고 있어서 손으로 만지고 넘기게 되면 뇌에 장기 기억으로 남기에 유리하기 때문이다.

요즈음은 컴퓨터 사용이 확대되면서 전자문서 형태로 자료를 보관하는 경우가 많다. 그러한 추세가 점차 강화되는 것은 과학기술의 발달에 따른 자연스런 일이다. 이러한 시대변화에 맞춰 컴퓨터 화면으로 자료를 보는 데 익숙해지는 것도 좋을 것이다.

정리하면 머릿속도 정리된다

☺ 심리적으로 안정된다

공간정리를 풍수의 개념에서 접근한 캐런 킹스턴은 잡동사니가 가득한 곳은 전체 에너지의 흐름을 방해하기 때문에 불쾌한 기분을 느끼게 하며 사람들의 삶에 악영향을 준다고 말한다. 엄청난 양의 에너지가 정체되어 있어 사람들을 피곤하게 한다고 한다.

잡동사니가 뭐길래 이렇게 사람들을 힘들게 하는 것일까? 다시 캐런 킹스턴의 얘기로 돌아가보면, 그녀는 잡동사니를 1) 쓰지 않거나 좋아하지 않는 물건 2) 조잡하거나 정리되지 않은 물건 3) 좁은 장소에 넘쳐흐르는 물건 4) 끝내지 못한 모든 것 등 네 가지 카테고리로 나눠 설명한다.

그녀의 정의에 따른다면 정리되지 않고 쌓여있는 자료도 이 네 가지 카테고리 가운데 최소 한 개 이상에 속하고, 많을 경우 네 가지 모두에 해당될 것이기 때문에 분명히 잡동사니다. 그렇기 때문에 다른 잡동사니와 마찬가지로 사람들에게 부정적 영향을 미칠 수 있다.

실제로 우리는 자료가 쌓여서 힘들었던 경험들을 갖고 있다. 바쁜 와중에 자료를 찾느라 사방팔방을 뒤져야 하니까 업무처리가 늦어진다. 정리되지 않은 자료로 인해 주변이 어수선해서 안정이 되지 않는다. 마음의 여유까지 덩달아 사라져버리고 만다. 서랍을 열어보고 싶지도, 컴퓨터 파일을 들여다보고 싶지도 않다. 이래저래 답답하다. 한숨만 나온다.

자료정리에는 이같은 상황을 역전시키고, 마음을 안정시켜 주는 힘이 있다. 많은 사람들이 이러한 정리의 효과에 대해 이야기한다. 미국의 정리전문가 저스틴 클로스키는 "정리는 단순히 주변 공간을 회복하는 것이 아니라, 자신의 마음을 회복하는 훌륭한 치료법이다."라고 말한다.

자료정리는 일상습관이 되면 많은 시간을 투자하지 않고도 할 수 있다. 어떤 업무를 끝내고 다음 업무를 시작하기 전에 잠깐 쉬는 시간이나 결재 대기시간과 같은 자투리 시간만 잘 활용해도 충분히 가능하다. 이 책의 제2부와 제3부에는 자료정리를 하는 방법이 쉬우면서도 구체적으로 설명되어 있다. (자투리시간 사용법에 대해서는 제2부 4장에 상세히 소개되어 있다.) 책의 내용을 참고해서 매일 시간을 조금씩 내서 자료정리를 해보자. 그러면 머지않아 어떤 책의 제목처럼 "정리만 했을 뿐인데, 마음이 편안해졌다."고 말할 수 있게 될 것이다.

⊙ 복잡한 것도 단순해진다

스탠퍼드대학 의대 교수이자 수면생체리듬 연구소장인 니시노 세이지는 논렘수면과 렘수면 주기가 몇 차례 반복되며 점점 얕은 수면으로 이동하면서 기억의 정리와 정착이 이루어진다고 말한다. 잠을 자기 시작한 후 처음에는 1시간 반 정도 논렘 수면을 하고, 이후 렘과 논렘 수면이 반복되며 주기가 점점 짧아지기 때문에, 수면 초기단계에서 푹 자는 것이 가장 중요하다고 한다. 렘(REM : Rapid Eye Movement)은 안구운동이 급격히 이루어지는 것을 의미하는 의학용어인데, 렘수면에서 얕은 잠을 자면서 뇌 활동이 활발히 이루어지며, 이 단계에서 꿈도 꾸게 된다.

김병완 작가의 《공부에 미친 사람들》에서는 이러한 뇌의 수면 메카니즘에 대해 좀더 자세한 설명을 들을 수 있다.

"렘수면 동안 우리의 뇌는 알파파를 만들고 정보처리 작업을 수행한다. 즉, 하루 동안 흡수한 모든 정보와 눈으로 보고 느끼고 생각한 것, 공부하고 일하고 경험한 모든 것을 렘수면 시간 동안 중요한 것과 중요하지 않은 것, 즉 장기적으로 기억할 것과 망각할 것을 분류한 다음 정리정돈하는 작업을 활발히 수행한다는 것이다."

이처럼 뇌는 수면활동을 통해 그날그날 수집된 다양한 정보를 정리한다. 이러한 과정을 통해 '저장'할 필요가 있는 것들이 선별되고, 혼란스러웠던 것이 정비되고, 정보가 체계적으로 분류된다. 생각이 정리되는 것이다.

자료를 정리하면 뇌의 정리활동과 마찬가지로 무질서했던 상태가 정리된다. 책상 위가 뒤죽박죽되어 있으면 생각이 잘 떠오르지 않고 정신이 하나도 없다. 서류를 어디에 두었는지도, 어떤 일을 해야 할지도 모른 채 우왕좌왕하게 된다. 자료정리를 하면 이와 같이 온갖 자료가 뒤섞여 있어 갈피를 잡기 힘들었던 상태에서 벗어나게 되어 차분한 상태에서 업무에 전념할 수 있다. 업무 효율도 크게 오른다.

자료정리의 또 한 가지 이점은 복잡한 것도 단순화할 수 있다는 것이다. 수많은 자료를 앞에 두고 있으면 각각의 자료를 서로 어떻게 연결시켜야 할지 알기 힘들 경우가 많다. 기존에 다뤄보지 않은 전혀 새로운 사안이거나 광범위한 주제인 경우에는 더욱 난감한데, 자료정리는 특히 이러한 경우에 엄청난 효과를 발휘한다. 다음과 같은 필자의 업무방식이 그 한 예가 될 수 있을 것이다.

필자는 잘 알지 못하거나 범위가 넓은 주제의 보고서를 작성해야 하는 경우에는 우선 과거에 비슷한 주제의 보고서가 작성되어 보관되고 있는지부터 알아본다. 꼭 비슷한 주제는 아니더라도 관련성이 있다면 일단 복사·출력하거나 컴퓨터 파일로 보관해 놓는다. 중요한 부분이라고 생각되는 부분에는 형광펜이나 볼펜 등으로 표시를 한다. 컴퓨터 파일인 경우에도 형광펜 기능이 있으니까 형광펜 표시를 하거나 밑줄을 긋거나 다른 색으로 바꿔놓는다. 관련 서적과 논문, 인터넷 자료 등도 찾아서 읽고, 경우에 따라서는 해당분야의 전문가들을 만나서 직접 얘기를 듣고 메모를 해둔다.

그런 다음에는 그때까지 표시를 해둔 자료와 메모해 둔 내용들을 카테고리별로 분류·정리하면서 자세히 읽어본다. 이렇게 하다 보면 자연스럽게 '감'이 잡히기 마련이다. 그러면 이제 남은 일은 카테고리별로 정리한 자료를 잘 엮어서 스토리 있는 보고서로 작성하는 일뿐이다. 이런 과정을 통해 아무리 복잡하고 새로운 주제도 큰 어려움 없이 대처할 수 있다.

제1부 정리 잘하는 것이 일을 잘하는 것이다

☺ 스트레스가 해소된다

직장생활을 하다보면 스트레스를 받는 일이 많다. 업무량, 적성, 타인과의 관계 등 여러 가지 요인들이 스트레스의 원인이 된다. 정신건강의학과 전문의인 채정호 교수는 스트레스 유발 원인을 다음과 같이 구분한다.

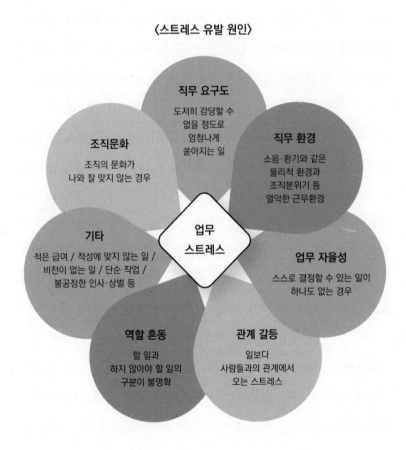

〈스트레스 유발 원인〉

직무 요구도
도저히 감당할 수
없을 정도로
엄청나게
쏟아지는 일

조직문화
조직의 문화가
나와 잘 맞지 않는 경우

직무 환경
소음·환기와 같은
물리적 환경과
조직분위기 등
열악한 근무환경

기타
적은 급여 / 적성에 맞지 않는 일 /
비전이 없는 일 / 단순 작업 /
불공정한 인사·상벌 등

업무
스트레스

업무 자율성
스스로 결정할 수 있는 일이
하나도 없는 경우

역할 혼동
할 일과
하지 않아야 할 일의
구분이 불명확

관계 갈등
일보다
사람들과의 관계에서
오는 스트레스

앞에서 스트레스의 원인으로 직접 거론되지는 않았지만, 보고서·문서 작성도 '엄청나게 쏟아지는 일' 중 하나이기 때문에 직장인들에게 스트레스를 주는 주요 요인으로 작용한다.

한국생산성본부가 직장인 473명을 대상으로 설문조사를 해서 2014년 2월 '스마트 엔터프라이즈와 조직 창의성 보고서'라는 제목으로 발표한 결과에 따르면, 직장인이 전체 업무시간 중 문서작성에 투입하는 시간이 29.7%로 가장 큰 비중을 차지한다. 정보를 검색하거나 수집하는 데에도 22.3%를 할애하고 있으니까 업무시간의 절반 이상을 문서작성과 관련된 일에 소비하고 있는 셈이다.

문제는 직장인 대부분이 문서작성으로 인해 스트레스를 받고 있다는 것이다. 시장조사업체 마크로밀엠브레인이 직장인 578명을 대상으로 설문조사를 실시한 결과 응답자의 88.4%가 보고서 때문에 스트레스를 받는다고 대답했다. 즉, 10명 중 9명이 보고서로 인해 스트레스를 받고 있는 것이다. 스트레스를 받는 이유로는 '촉박한 마감시간'과 '제대로 숙지하고 있지 않은 주제에 대한 보고서 작성 요구'가 각각 23.5%로 가장 비중이 높았다.

회사에서 커뮤니케이션은 거의 대부분 보고서 형태의 문서를 통해서 이루어진다. 보고서로 시작해서 보고서로 끝난다고 해도 과언이 아니다. 보고서는 회사생활과 떼려야 뗄 수 없는 부분인 것이다. 보고서 작성이 직장인들의 피할 수 없는 숙명이라면, 보고서로 인해 받는 스트레스를 최소한으로 줄여야 하지 않을까? 보고서를 속도내서 작성할 수 있다면 스트레스의 상당 부분이 해소될 수 있지 않을까? 자료정리는 이에 대한 하나의 해결책이 될 수 있을 것이다.

정리는 삶에 활력을 준다

☺ 자신감이 생긴다

　미국 특수전 사령부 사령관 등을 역임한 맥레이븐 제독은 지난 2013년 모교인 텍사스대학 졸업식에서 연설을 했다. 이 연설은 사람들에게 깊은 울림을 주어 후에 내용이 보강되어 책으로도 출간되었다. 연설은 맥레이븐 제독이 네이비실 기초 군사훈련을 받으면서 느꼈던 10가지 인생의 교훈에 관한 것으로, 다른 교훈들에 앞서 침대를 정리하는 문제부터 이야기한다. 훈련기간에 아침마다 침대의 네 귀퉁이가 반듯하게 각이 서고 시트는 주름 하나 없이 팽팽하게 당겨지도록 완벽하게 정리해야 했다면서, 매일 반복되는 단순하고 시시한 일이지만 자신감을 심어주는 엄청난 지혜가 깃든 행위였다고 말한다. 꼭 해보라고 권유한다.

"매일 아침마다 침대를 정리한다면, 여러분은 이미 그날의 첫 번째 임무를 완수한 것입니다. 그 일은 얼마간의 자부심과 함께 다른 임무도, 또 다른 임무도 해낼 수 있다는 용기를 북돋아 줄 것입니다. 하루가 끝날 즈음, 그렇게 완수된 하나의 임무는 다른 수많은 임무의 완수로 바뀌어 있을 것입니다. 침대를 정리하는 일은 삶의 작은 일들이 실은 얼마나 중요한 일인지도 가르쳐줄 것입니다."

우리나라에 잘 알려져 있는 일본의 정리컨설턴트 곤도 마리에도 "정리의 마법 효과 중 하나는 자신의 판단에 자신감을 갖게 되는 것이다."라고 이야기한다. "정리를 하는 것으로 인생은 달라진다. 정리를 하면 작은 자신감이 생긴다. 자신의 미래를 신뢰할 수 있게 된다. 많은 일들이 잘 풀린다. 만나는 사람이 달라진다. 좋은 의미에서 예상 외의 일이 일어난다."고 설명하고 있다.

자료정리는 간단한 일이다. 귀찮아서 하지 않을 뿐이지, 어렵지도 않고, 오랜 시간이 걸리지도 않고, 누구나 마음만 먹으면 할 수 있는 일이다. 정리를 습관처럼 하게 되면 침대를 정리하는 것처럼 우리에게 용기를 불어넣어준다. 가장 상대하기 어려운 나 자신과의 싸움에서 이겼기 때문에 무엇이든 할 수 있다는 자신감이 생긴다. 두려울 것도, 앞을 가로막을 것도 아무 것도 없다.

자료정리가 가져다주는 자신감은 또 다른 측면에서 그 원인을 찾을 수 있다. 자료를 정리하면 항상 준비된 상태에 있게 되어 어떤 지시가 떨어져도 할 수 있다는 자신감을 갖게 된다는 점이 그것이다. 자료정리를 하면 자연스럽게 업무에 대한 자신감으로 이어진다.

학창시절에 선생님이 질문을 하실까봐 눈을 마주치지 못하고 애꿎은 책상 모서리만 바라본 기억이 한번쯤은 있을 것이다. 굳이 멀리서 찾을 필요도 없다. 직장생활을 하면서도 회의시간에 발표할 사람을 찾는 사회자의 눈길을 피해 허공만 바라본 적이 있을 것이다. 이처럼 자신이 없으면 초조하다. 업무지시가 떨어지지 않을까 조마조마한 심정으로 지내게 된다. 하루하루가 가시방석이다.

하지만, 자료정리를 해두면 상황이 다르다. 업무지시를 받는 즉시 망설임 없이 신속하게 지시사항을 이행할 수 있다. 더 나아가 업무지시가 떨어지기를 기다리지 않고, 이런저런 것을 해보겠다고 먼저 손을 들 수도 있다.

자신감이 있는 사람은 겉으로도 드러난다. 행동이나 말투에 자신감이 넘친다. 걸음걸이가 씩씩하고, 어깨를 쭉 펴고, 말소리에도 힘이 실린다. 회사일에 관심을 갖고 에너지절감 아이디어 공모와 같은 조그만 행사에도 적극 참여한다. 그러한 자신감 있는 모습은 주변 사람들에게 신뢰를 준다. 그 직원의 자신감이 사무실에 그대로 전파되어 '으쌰으쌰' 하는 분위기로도 이어진다. 이것이 결과적으로 직원 본인은 물론, 회사 전체에도 긍정적 요인으로 작용하게 되는 것은 당연한 일일 것이다.

☺ 일하는 것이 즐겁다

일본의 대표적인 문학상 중 하나인 '가와바타 야스나리 문학상' 수상작가인 에쿠니 가오리의 단편집《개와 하모니카》에는『침실』이라는 단편소설이 실려 있다. 주인공의 아내 유코는 쿠션 위치며 침대커버를 접어 넣는 방법까지 일일이 정해놓을 정도로 정리정돈을 좋아하는 정리마니아다.

독일의 유명한 철학자이자 평론가인 발터 벤야민은 어릴 때부터 수집벽을 갖고 있었는데, 성인이 된 후에는 오히려 더 꼼꼼하게 자신의 원고와 자료들을 모으고 정리하는 습관을 발전시켰다. 거의 결벽에 가까울 만큼 빈틈없는 수집·정리벽은 지식인으로서 그가 지닌 최대의 자산이었다. 이렇게 다양한 방식으로 모으고 정리한 것들을 글쓰기에 적극 활용했다.

이처럼 천성적으로 정리하는 것을 즐기는 사람들이 있다. 하지만, 대부분의 사람들에게는 정리는 하지 않을 수만 있다면 피하고 싶은 일이다. 어쩔 수 없어서 하고 있는 지루한 일일 뿐이다. 그런데, 한 가지 '반가운 소식'이 있다. 정리도 하다 보면 즐거운 작업이 될 수 있다는 것이다. 귀찮기만 한 일이 즐거움의 대상이 될 수 있다니! 정말 가능하기는 한 것일까?

필자도 원래부터 정리를 즐긴 것은 아니다. 사무실 책상이 어질러져 있는 것이 보기 싫어서 사용한 물건을 다시 제자리에 갖다 놓는 정도로 최소한으로 정리를 했다. 컴퓨터 케이블이 책상 아래 어지럽게 깔려 있는 게 심란해서 끈이나 테이프로 묶어놓는다든지, 책상 위에 있는 문구류 같은 것을 보기 좋게 정렬해 두었다.

자료정리의 경우도 마찬가지였다. 입사 초기에는 자료를 날짜 별로 모아놓는 정도로 보관하고, 다시 꺼내서 활용하는 경우도 별로 없었다. 그런데 업무가 늘어나다보니 자료정리에 신경을 쓸 필요가 생겨서 책상 위에 자료를 쭉 펼쳐놓고 카테고리별로 분류하고, 파일철에 넣고 하다 보니 재미가 느껴졌다. 카드놀이를 하는 것 같은 느낌까지 들기도 했다. 그래서 지금은 자료정리와 퍽 친숙해졌다. 자료정리가 너무너무 재미있어서 자꾸만 하고 싶은 정도는 아니지만, 가벼운 마음으로 정리를 하고 있다.

필자의 경우처럼 정리도 하다보면 재미있어진다고 말하는 사람들이 많다. 정리가 '즐거운 오락거리'라고 말하기까지 한다.

- ⊙ "정리는 즐거운 작업이다. 마음을 편안하게 만들어주며 효과도 크기 때문이다."

- ⊙ "정리·정돈은 반복적인 일이다. 하지만 스타일과 개성을 불어넣으면 얼마든지 재미있고 신나는 일이 될 수 있다."

- ⊙ "정리를 귀찮아하지 않고 적극적으로 받아들이다보면 정리의 즐거움을 알게 된다."

- ⊙ "수많은 사람이 처음에는 거부감을 느끼지만, 일단 자신의 개인 파일시스템이 정비된 시점부터는 각종 서류더미 분류를 상당히 즐기게 된다."

- ⊙ "서류 서랍에 자료를 모아 넣는 일은 빨리빨리 할 수 있고 재미도 있다."

자료정리가 즐거워지면 직장생활은 훨씬 수월해질 것이다. 앞장에서 얘기했듯 출근해서 근무시간의 4분의 1 이상을 문서작성에 할애해야 하는 현실을 감안하면 더욱 그렇다. 직장생활에서 마

음의 여유가 생기면서, 생각하는 존재인 '사피엔스'이자 재미와 즐거움을 동시 추구하는 '호모 루덴스'이기도 한 우리의 삶도 더욱 활기를 띠게 될 것이다.

하지만, 아무리 노력해도 자료정리가 귀찮게만 느껴진다면 어떻게 해야 할까? 자료정리와는 아예 '담 쌓고' 지내야만 할까? 이럴 때는 '피할 수 없다면 즐겨라'는 말처럼 억지로라도 즐거운 일이라고 생각하고 정리를 해보면 어떨까 싶다. 뇌는 우리가 말한 것을 그대로 믿는다고 하니까 '재미있다', '신난다'고 말하면서 자료를 정리하면 정말 정리가 즐거운 일로 바뀔 수도 있을 것이다. 노벨물리학상 수상자인 리처드 파인먼은 젊은 나이에 명성을 얻어 연구를 하는 일 자체가 힘들어지자 '가지고 놀자'는 생각으로 일했다고 하는데, 우리라고 못할 것은 없지 않은가!

⊙ 적극적 마인드로 바뀐다

정리로 인해 인생이 바뀐 사람들이 있다. 4장에서도 잠깐 언급한 바 있는 미국의 저스틴 클로스키, 일본의 곤도 마리에, 우리나라의 윤선현씨 등이 그러한 사람들이다.

저스틴 클로스키는 강박장애(OCD)와 주의력 행동결핍장애(ADHD)를 갖고 태어났지만, 주변을 끊임없이 정리하고, 분류하고, 셈을 하는 것을 긍정적인 방향으로 이끌어 개인 및 기업 고객들을 위한 정리전문가로 활동하고 있다. 배우로서 미국 드라마에도 출연한 바 있다.

곤도 마리에는 중학생 때 '버리기'의 중요성에 대한 책을 읽고 큰 충격을 받아 정리에 몰입한다. 이후 정리·정돈법을 직접 실행하면서 자신만의 정리법을 찾는 데 성공하여 일본 최고의 정리컨설턴트로 자리매김했다. 《인생의 축제가 시작되는 정리의 발견》 등 여러 권의 저서와 강의 등을 통해 수많은 사람들에게 정리의 중요성을 알리고 있다.

윤선현씨는 출판사에서 월간지와 단행본을 서점에 유통하고 반품을 관리하는 일을 하다가 일이 너무 많아 야근이 일상화되자 해결책을 찾기 위해 시간관리에 관한 책을 사서 읽기 시작한다. 이것이 계기가 되어서 국내 최초의 '정리컨설턴트'가 되었고, 정리컨설팅 사업과 강연·집필 등 활발한 활동을 하고 있다.

정리전문가의 길로 들어선 사람들의 사례를 들었지만, 정리는 꼭 이러한 길이 아니더라도 다양한 모습으로 사람들의 삶을 바꾸는 원동력으로 작용한다. 주도적으로 나 자신의 삶을 꾸려나갈 수 있게 하고, 긍정적 생각을 갖게 하고, 행복으로 나아가도록 한다. 오래 전부터 갖고 있던 꿈을 실현하기 위해 새로운 길을 찾아 떠나게 만들기도 한다. 직장인들에게는 어떠한 어려운 업무라도 과감히 떠맡도록 하고, 새로운 프로젝트에 도전하는 등 적극적 마인드를 갖게 해준다.

어떻게 이러한 것들이 가능할까? 그것은 정리를 하면 자신감이 넘치고, 의욕이 솟아나게 되기 때문이다. 사람들을 적극적 사고방식의 소유자로 바꿔 새로운 일을 해보고, 행동으로 옮기게 만들기 때문이다. 그야말로 정리는 삶에 강력한 영향을 미치는 엄청난 '변화의 힘'을 갖고 있는 것이다.

우리는 제1부의 1~5장을 통해 자료정리가 '마법'을 갖고 있다는 것을 '재발견'했다. 그렇다면 이제 남은 일은 직접 해보는 것이다. 해보고 나서 내 삶에 적용하는 것이다. 그것은 직장생활과 인생을 완전히 새로운 모습으로 바꿔놓는 계기가 될 것이다.

　이어지는 제2부와 제3부의 10개 장에서는 어떻게 자료정리를 하면 되는지 알아볼 것이다. 그 종착점이 될, '내게 맞는 정리법'을 찾기 위한 행복한 여정으로 함께 출발해보자.

정리의 스킬

자료정리의
다섯 가지 원칙

1원칙 : 쌓아두지 마라

2원칙 : 분류가 필수다

3원칙 : 꺼내기 쉬워야 한다

4원칙 : 습관화해야 한다

5원칙 : 활용이 생명이다

1원칙 : 쌓아두지 마라

⊙ 버려야 정리가 된다

마음먹고 말끔하게 집을 치워 놓아도 금방 다시 어질러져서 정리된 상태가 유지되기 어려운 경우가 많다. 그것은 '근본적인 문제'가 해결되지 않았기 때문이다. 즉, 물건을 버리지 않았기 때문이다. 우리는 '갖고 있으면 나중에 쓸 일이 있지 않을까?', '없는 것보다 있는 것이 낫지 않을까?', '버리고 나면 나중에 후회하지 않을까?' 등 여러 가지 이유로 인해 물건을 쌓아두고 있다. 그래서 물건을 제대로 활용하지도 못하면서 쌓아놓은 물건에 공간을 빼앗기고 끌려다닌다. 이러한 '과잉'은 우리를 소진시키고 쇠약하게 만든다. 필요 없는 물건을 계속 갖고 있음으로써 새로운 것도 받아들이지 못하는 상태가 되고 만다. 그래서 정리의 시작은 '버리기'가 되어야 한다.

'버리기'의 중요성은 정리와 정돈의 비교를 통해서도 확인된다.

제2부 자료정리의 다섯 가지 원칙

'정리'는 물건을 줄이는 것, '정돈'은 물건을 사용하기 쉽게 배치하는 것인데, 주변을 아무리 깨끗하게 정돈하더라도 물건이 그대로 있어 정리되지 않은 상태라면 금방 다시 원래대로 돌아가고 만다. 그래서 정리가 정돈보다 앞서 이루어져야 한다. 이에 대해서는 정리전문가들이 대부분 비슷한 의견을 보이고 있다. 특히 일본의 전문가들은 '버리기'의 필요성을 강조한다.

⊙ "정리에서 필요한 작업은 '버리기'와 '제 위치 정하기' 두 가지인데, 여기서 반드시 버리기를 먼저 해야 한다."

⊙ "당연히 정리가 정돈보다 우선되어야 한다. 정돈은 정리가 이루어진 후 가능하기 때문이다."

⊙ "업무환경을 조성함에 있어서는 정리가 정돈에 우선한다. 즉, 쾌적한 업무환경을 만들기 위해서는 우선 주변의 불필요한 것을 버리는 일부터 시작해야 한다."

딸애가 어렸을 때 보은에 있는 과수농장에서 사과나무 한 그루를 분양받은 적이 있다. 1년 동안 사과나무의 '주인'이 되어 직접 나무를 돌보고, 가을에는 수확한 사과를 모두 가져올 수 있었다. 딸애에게 식물에 대한 관심을 키워주려는 생각에서 시작한 것이

었는데, 필자도 사과나무를 가까이에서 본 것은 그 때가 처음이었다. 연약해 보이는 가느다란 나뭇가지에 그토록 많은 사과가 주렁주렁 열리는 모습은 경이감까지 불러일으켰다.

한번은 사과나무 농장에서 연락을 받고 사과꽃을 따주러 갔다. 꽃을 모두 다 그대로 놔두면 꽃마다 사과가 열려서 알이 제대로 영글지 못하기 때문에 다섯 개 중에 한 개 정도만 남기고 나머지는 따내야 한다는 설명을 들었다. (전문용어로는 적화(摘花)라고 한다.) 지금 와서 보니 사과꽃을 따주는 것이 정리의 '버리기'와도 비슷하다는 생각이 든다. 아깝다고 다 껴안고 있으면 이것도 저것도 아닌 상태가 되고 만다. 모두가 다 같이 쭉정이가 되고 만다.

자료정리도 '정리'다. 정리라는 큰 범주 속의 한 부분이다. 그래서 자료정리도 정리와 똑같이 버리지 못하고 쌓아놓는 것이 가장 큰 어려움이다. 하지만 버리지 않으면 정리는 불가능하다. 언젠가 다시 쓰게 될지도 몰라서 쌓아두다가는 공간만 차지하고 나중에는 활용도 못한 채 그냥 통째로 버리는 상황에 처하게 된다. 85퍼센트의 불필요한 서류 때문에 필요한 15퍼센트의 서류를 찾지 못하는 일도 생긴다. 자료정리를 위해서는 과감히 버리는 것부터 시작해야 한다.

자료를 버리는 문제에 대해 이야기하다 보면 '보관하는 자료의 양은 어느 정도가 적당할까?'하는 문제에도 부딪히게 된다. 파일철 한 개 분량의 자료만 보관해도 아무런 불편함이 없다고 한 기자의 글을 본 적이 있는데, 그의 경우에는 신문사 차원의 자료보관·관리 시스템이 잘 운영되고 있고, 인터넷 등으로 기사 작성에 필요한 자료를 쉽게 찾아볼 수 있기 때문에 가능했을 것 같다. 일반 직장인의 경우라면 이렇게 단 한 개의 파일철에다 필요한 모든 자료를 보관하는 것은 현실성이 떨어지는 일일 것이다. (자료를 얼마만큼 보관해야 할지에 대해서는 이 장의 뒷부분에서 구체적으로 살펴보도록 하자.)

⊙ 자료처리에 앞서 판단부터 하라

자료가 쌓이지 않도록 하는 가장 좋은 방법은 입수할 때마다 바로바로 처리하는 것이다. '지금은 바쁘니까 나중에 하자.'는 생각으로 미루다가는 금방 걷잡을 수 없이 쌓이고 만다. 애초부터 자료가 쌓이지 않도록 바로 결정을 내려야 한다. 하지만, 바로바로 처리하라고 해서 대강대강 해도 좋다는 것은 아니다. 내 손에 들어오는 모든 자료는 일일이 '검증' 과정을 거친 이후에 버릴지 보관할지 여부를 결정해야 한다.

《성공하는 CEO들의 일하는 방법》의 저자 스테파니 윈스턴은

대다수 최고경영자들이 가차 없이 서류를 처리하고 있다는 사실을 발견했다면서, 10여초 남짓 집중해서 서류를 응시하고는 폐기, 보관, 추후협의 등의 결정을 내린다고 말한다. 그러면서 그들은 "불독처럼 한번 모으면 놓지 않는 습성을 보이고 있었다. 시야에 들어온 서류는 반드시 처리한다."고 덧붙인다.

최고경영자들은 오랜 경험과 축적된 업무지식을 갖고 있는 전문가들이니까 자료를 한번 훑어보기만 해도 정확한 판단이 가능할 것이다. 그렇지만, 보통의 직장인들이 그런 방식으로 자료를 처리하다가는 봉변을 당하기 일쑤일 것이다. 자료의 한 부분에 중요한 내용이 담겨있을 수도 있는데 제목만 대강 보고나서 폐기해버린다면 엄청난 후폭풍에 시달리게 될지 모른다.

그러면, 어떻게 하면 바로바로 자료를 처리하면서도 효율적으로 할 수 있을까? 필자가 사용하고 있는 방식이 해결책을 찾는 데 하나의 참고사례가 될 수 있을 것이다.

필자는 출근하면 1시간가량을 할애해서 업무관련 자료부터 체크한다. 이메일로 전송받거나 행정절차 등을 통해 전달받는 자료도 있지만, 대부분은 사내망과 인터넷 같은 '루트'를 활용해서 직접 찾는 자료들이다. 긴급히 처리해야 할 사안이 있는 날에는 자료체크 작업이 뒤로 늦춰지기도 하는데, 가급적이면 오전 중에 끝내려고 하고 있다.

이렇게 입수한 자료는 자세히 읽어가면서 중요 부분에 형광펜으로 표시를 하고, 오른쪽 위에 분류항목을 적어놓는다. 그런 다음에는 3단 트레이의 가운데 칸에 보관한다. 맨 위 칸은 일과 중에 여러 경로를 통해 수시로 내 손에 들어오게 되는, '체크가 끝나지 않은 자료'를 위한 공간으로 남겨둔다.

처리할 업무가 어느 정도 진행된 오후에는 트레이의 가운데 칸에 있는 서류들을 모두 책상 위에 꺼내서 표시해 놓은 항목별로 분류한다. 관련자료들끼리 모으는 과정에서 분류항목이 바뀌는 경우도 많다. 이합집산이 이루어지는 것이다. 항목별로 분류된 자료는 클립이나 집게로 집은 다음 '긴급성'에 따라 1) 당면적으로 처리해야 할 사안 2) 참고할 사안으로 나눈다. 당면사안은 처리가 끝날 때까지 트레이의 맨 아래 칸에 넣어두고, 참고사안은 해당 파일철에 넣어서 서랍에 보관한다.

최고경영자들이 자료를 즉시 처리하는 것과 달리, 필자의 자료정리 방법에는 입수된 자료를 모아놓고 있다가 한꺼번에 분류하는 '중간단계'가 추가되어 있다. 얼핏 보아서는 자료처리에 시간이 더 오래 걸린다는 느낌이 들 수도 있는데, 실제로는 그 반대다. 자료를 하나씩 처리하지 않고, 모아서 하니까 시간이 오히려 단축

된다. 이렇게 여러 자료를 모아놓고 분류 작업을 하다보면 단편적인 자료들만 갖고는 이해되지 않던 전체적인 윤곽이 파악되기도 하고, 새로운 업무 아이디어나 활용방법이 자연스럽게 떠오르기도 하는 등 이점이 많다.

필자의 자료정리 방식은 아래와 같이 간략한 도식으로 정리할 수 있다.

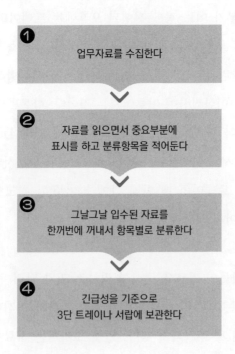

업무자료를 수집할 때는 가급적 출력량을 줄이는 것이 필요하다. 출력해서 읽는 것이 편하기는 하지만, 보관상의 문제와 물자 낭비 등의 측면을 고려하여 출력을 최소화한다. 《업무의 잔기술》을 쓴 야마구치 마유도 "차츰 버리기 이외의 다른 아이디어도 생각하게 되었다. 우선은 프린트하는 서류를 줄였다. 무엇이든 무턱대고 프린트해서 읽지 않았다. 정보수집만을 목적으로 할 때나 내용이 짧은 자료는 컴퓨터 화면상 읽기도 했다."고 자신의 노하우를 알려주고 있다.

버릴 자료인지 여부는 두 번째 단계에서 판단한 후 과감히 버리면 된다. 버리는 자료는 보관할 자료와 혼동되지 않도록 반으로 접어서 모아두었다가 한꺼번에 문서세단기에 넣어 파쇄하면 편리하다. 버려야 할지, 보관해야 할지 망설여지는 자료가 있다면 '임시보관 파일철'(컴퓨터의 경우는 '임시보관 폴더')을 만들어서 일정기간 보관해두는 방법도 가능하다. ('임시보관 파일철'에 대해서는 제3부 2장을 참고하라.)

특정 프로젝트가 진행되는 동안에는 관련 자료들을 수시로 참고해야 하니까 한 데 모아놓고 일을 할 수밖에 없다. 신속하게 일 처리를 해야 하기 때문에 출력하는 자료가 늘어나서 자료의 양도 상당히 많아지게 된다. 이러한 자료들은 일이 마무리되었을 때 어떻게 처리해야 할까?

자료의 상당부분이 이미 보고서나 기획서 등에 반영되어 있을 테니까, 보고서·기획서 등의 최종 버전만 남기는 식으로 자료보관은 최소한으로 하는 것을 원칙으로 하면 좋을 듯싶다. 그렇다고 해도 무턱대고 자료를 버려서는 안 된다. 다소 수고스럽더라도 자료를 '스크린'하면서 버릴 것은 버리고, 보관할 것은 보관하도록 하자.

☺ 수납공간만큼만 보관하라

이제 앞에서 제기된, '자료를 어느 정도 보관해야 하는가?' 하는 문제에 대해 함께 답을 고민해 보자.

자료는 '관리할 수 있는 수준'이라면 많을수록 좋다. 인터넷 같은 데에 아무리 많은 자료가 널려 있더라도 내 것이 아니면 쓸모가 없다. 앞에서도 언급한 일본의 대표적 지식인 야마구치 슈가 《독학은 어떻게 삶의 무기가 되는가》에서 말한 것처럼, 세계라는 바다에서 필요에 따라 가장 적절한 물고기, 즉 정보를 잡아올려서 수족관 속에 산채로 헤엄치게 놓아두고 상황에 따라 꺼내 써야 한다. 내 손 안에 들어온 것이라야 자료로서의 의미를 갖는다. 내 손 안에 있고, 필요할 때 언제든 찾아서 쓸 수 있다면 보관하는 자료의 양에 구애받을 이유가 없다. 굳이 보관하는 양을 줄이려고 할 필요도, 버리려고 할 필요도 없다.

하지만, 직장에서 개인에게 허용되는 수납공간은 제한적이다. 서랍과 공용캐비닛 - 운이 좋으면 개인캐비닛도 보유 - 정도가 대부분의 직장인들이 사용할 수 있는 공간이다. 이 공간을 최대한 활용해서 필요할 때마다 자료를 찾아 쓸 수 있도록 잘 정리해 두어야 한다. 공간이 부족하다고 책상 위에 쌓아두었다가는 '게으른 직원', '일 못하는 직원'으로 낙인찍히기 십상이니까 그럴 수도 없다. 비품 관리 부서에 요청해서 수납물품을 추가로 확보할 수 있겠지만, 막상 사용해보면 '혹시 몰라서' 보관해놓고 활용하지 않는 '오래된 자료'의 저장소가 되고 마는 경우가 많다.

그래서 결론은 '활용 가능한 수납공간만큼만 자료를 보관하고 잘 정리하자'는 것이다. 직장인들이 일반적으로 사용하는 책상서랍에는 파일을 보관할 수 있는 공간이라고 해봤자 깊이가 50센티미터 남짓 되는 맨 아래 칸뿐이다. 파일철을 보관할 수 있는 서랍이 2칸인 경우는 그나마 나은 상황이다. 그렇지만 수납공간이 적은 것은 정리를 못하는 이유가 되지 못한다. 서랍이 한 칸뿐이라면 우선순위에 따라 중요한 자료부터 보관하는 방향으로 하면 된다.

정리전문가인 윤선현씨는 '롤로덱스'라고 하는 회전식 명함정리함을 사용하는데, 150장의 명함만 저장하는 것을 원칙으로 정하고, 새로 사귄 인맥을 넣기 위해 기존의 명함을 빼낸다고 한다. 이처럼 어떤 상황이든 허용된 공간만큼만 보관한다는 생각으로 하면 된다. 방법은 찾으면 있다.

사용할 수 있는 개인수납공간이 서랍뿐이라고 해서 서랍이 꽉 찰 정도로 자료를 '쑤셔 넣어서는' 안 된다. 서랍이 꽉 차면 자료를 포개서 얹어놓게 되고, 그러다보면 정리는 '물 건너 간' 것이나 마찬가지다. 얹어놓는 사소한 행위 하나로 인해 그동안 공들여 관리해온 정리시스템은 무너져버리고 만다.

'4분의 3 원칙'과 같은 방법들은 이러한 위험을 막기 위한 것이다. 이렇게 수납공간에 '숨 쉴 수 있는' 여유를 주게 되면 자료를 넣고 빼기가 편리할 뿐만 아니라, 자료를 양호한 상태로 유지하는 것도 가능해진다. 이에 대해 다시 한 번 정리전문가들의 얘기를 들어보자.

⊙ "항상 폴더가 서랍의 4분의 3을 넘지 않게 하라. 서랍이 가득 차 있으면 무언가를 넣기가 꺼려지기 때문에 참고자료들이 다른 곳에 쌓인다."

제2부 자료정리의 다섯 가지 원칙

> "물건이 120퍼센트로 넘칠 때가 아니라 75퍼센트 정도가 되었을 때 미리 짐을 덜어낼 준비를 한다. 사무실 서랍에도 최고 75퍼센트까지만 물건을 채우고 편리하게 사용한다."

> "서랍에는 최소한 5cm의 여유가 필요하다."

　서랍이 어느 정도 차면 자료를 정리해야 하는데, 이 때는 맨 뒤에 있는 파일철부터 꺼내서 캐비닛으로 옮기면 된다. (왜 맨 뒤에 있는 파일철부터 꺼내야 하는지는 제2부 3장을 참고하라.) 시간적 여유가 있다면 앞쪽에 있는 파일철 안의 자료들을 쭉쭉 넘겨가면서 불필요한 자료를 골라내는 것도 보관자료 양을 줄이는 데 유용할 것이다.

　서랍이 어느 정도 찼을 때 정리하게 되면 1주일, 1개월, 3개월 등의 단위로 기간을 정해서 자료를 관리하는 작업은 필요 없을 것이다. 다만, 앞에서 잠깐 언급한 바 있는 '임시보관 파일철'의 경우는 일정기간이 지난 후에 체크한 뒤 파기하는 것이 필요하다.

⊙ 꼭 보관해야 할 자료도 있다

'대한제국 황제의 식탁전'이 2019년 가을 덕수궁 석조전 전시실에서 열렸다. 고종이 미국의 아시아 순방단 일원으로 방한한 루스벨트 대통령의 딸 앨리스에게 대접한 오찬 메뉴도 전시회에서 처음으로 공개되었다. 메뉴에는 신선로에 고기·해산물·채소를 넣어 함께 끓인 열구자탕, 비빔국수인 골동면, 숭어 살과 소고기를 함께 끓인 수어증 등이 포함되어 있었는데, 이것은 서양식 코스요리를 제공했다는 기존의 견해를 뒤집은 것이다. 미국 뉴욕 공공도서관이 당시의 식단표를 소장하고 있어 고증이 가능했다. 식단표가 보존되어 있지 않았더라면 확인하기 힘들었을 것이다. 이처럼 자료 보관은 중요하다.

직장에서도 꼭 보관해야 하는 자료들이 있다. 쉽게 구하기 힘든 자료, 내가 작성한 프레젠테이션 자료, 사본을 만들어 두지 않은 사업추진 계획과 같은 것들이 그렇다. 필요한 것은 버리지 말고 갖고 있어야 한다.

자료가 많아 처분하는 과정에서 신경을 쓰지 않고 기계적으로 파기하다가는 중요한 자료가 다른 자료들에 섞여서 사라질 수 있다. 특히, 서랍 뒤편으로 밀려난 파일철 같은 경우는 오랫동안 사용하지 않았기 때문에 중요하지 않다고 생각하고 버리기 쉽다. 하지만 뒤로 밀려나 있는 서류라도 내일 당장 써야 할 일이 생길지 모른다. 이런 상황에 대비해서 별도의 '중요자료 파일철'을 만들어서 보관하든지, 따로 파일철을 만들 상황이 아니라면 중요 자료에 포스트잇을 붙인다든지 해서 눈에 띄도록 해야 한다.

　보관해야 하는 자료는 어떤 것들인지에 대해 좀더 자세하게 알아보자. 버려도 되는 자료와 비교해보면 좀 더 수월하게 파악할 수 있을 것이다. 버려도 되는 자료는 이미 활용이 끝난 자료, 손쉽게 구할 수 있는 자료, 혹시 몰라서 보관하는 자료 등이다. 이것을 반대로 생각하면 아직 활용하지 않은 자료, 구하기 힘든 자료, 업무에 언젠가 꼭 사용될 것 같은 자료들인데, 이런 자료들이 보관이 필요한 자료다. 이외에도 한 자료 안에 여러 내용이 들어있는 종합적인 자료 같은 것도 보관 기준에 포함시킬 수 있다. 다른 데서 쉽게 구할 수 있는 자료라도 찾아서 사용하려면 시간이 걸리니까 진행 중인 사안이 종료될 때까지는 보관해서 사용한 후에 폐기하는 것이 좋을 것이다.

〈버려도 되는 자료 vs 보관이 필요한 자료〉

버려도 되는 자료	보관이 필요한 자료
◉ 생명력이 다한 자료	◉ 나 혼자만 갖고 있는 자료
◉ 버려야 할지 보관해야 할지 고민되는 자료	◉ 문서 형태로만 보관중인 자료
◉ 다시 손쉽게 입수 가능한 자료	◉ 구하기 힘든 자료
◉ 언젠가 필요할 것 같은 자료	◉ 종합적인 자료
◉ 오래된 자료	◉ 오래되기는 했지만 중요한 자료
◉ 마지막 사용 후 일정기간이 경과한 자료	◉ 아직 사안이 종료되지 않은 자료
◉ 설레지 않는 자료	◉ 설레는 자료
◉ 내용이 비슷비슷한 자료	◉ 잃어버렸을 때 대단히 곤란한 자료

버지니아 울프 연구로 잘 알려진 영국학자 루이즈 디살보는 "내가 아는 작가들 중 그 누구도 무(無)에서 시작하지는 않는다. 다수가 아직 구체적 용도를 알지 못하는 상태로 소재를 수집한다. 당시에는 어떻게 사용할지 모를 수도 있지만 언젠가는 사용할 날이 반드시 온다."고 말한다. 언뜻 봐서는 우리의 생각과 상반되는 것처럼 보인다. 하지만, 디살보는 '혹시 몰라서 보관하는 자료'가 아니라, '현재는 정확히 어디에 사용할지 모르지만 나중에 확실히 사용하게 될 자료'에 대해 말하고 있는 것 같다. 그렇다면 이것은 '설레는 물건'과 같은 성격의 자료다. 당연히 보관해야 하는 자료인 것이다.

2원칙 : 분류가 필수다

⊙ 분류는 새로운 가치를 만드는 행위다

자료를 정리하는 목적은 활용하는 데 있다. 단지 주변을 깨끗하게 정돈하거나, 자료를 지니고 있음으로써 얻게 되는 안도감을 위한 것이 아니다. 자료를 잘 보관해서 업무성과를 높일 수 있도록 활용하는 데 자료정리의 의미가 있는 것이다. 이를 위해서는 체계적이고 일관성 있는 분류가 필요하다. 분류해 놓아도 찾을 수 없다면 그것은 제대로 분류된 것이 아니다. 괜한 시간낭비일 뿐이다. 자료는 각자에게 편리한 방식에 따라 일목요연하게 잘 정리되어 있어야 한다.

하지만 분류작업이 자료를 나중에 활용하기 위해 정리해 놓는 데 그쳐서도 안 된다. 단순히 관련자료들을 모아서 서랍과 컴퓨터 폴더에 넣기 위한 작업으로 끝난다면 자료의 가치를 극히 일부분밖에 활용하지 못하는 것이다. 분류는 그 이상이다. 분류의 중요성에 대해 강조하는 사람들이 많다. 일본 메이지대학 교수 사이토 다카시와 '지(知)의 거장'으로 불리는 다치바나 다카시는 다음과 같이 말한다.

> ⊙ "기존의 평범한 사례라고 해도 재배열하고 재구성하는 과정에서 종래의 평범함을 벗고 독창적인 아이디어가 새롭게 탄생할 수 있다. 개개인이 어떤 시각에서 보느냐에 따라 아이디어의 성격과 가치는 얼마든지 달라질 것이다."

> ⊙ "가장 중요한 것은 현실에 입각한 새로운 분류가 있는 것은 아닐까, 또 그 분류를 통해서 보면 같은 일이 다르게 보이는 그런 새로운 분류가 있는 것은 아닐까, 늘 생각해보는 일이다."

이처럼 분류는 일상적인 자료를 소중한 자료로 탈바꿈시키고 새로운 가치를 만들어내는 행위다. 분류 작업을 하는 과정에서 다양한 아이디어가 떠오르고, 문제 해결을 위한 해답을 찾게 되기도 한다. 어떻게 분류하느냐에 따라 자료가 살아있는 정보가 되기도 하고 사장되기도 한다. 그야말로 분류과정 자체가 엄청난 중요성을 지니는 것이다.

자료분류의 가장 기본적인 방법은 비슷한 것끼리 묶는 것이다. 같은 성격을 가진 것들을 함께 놓고 보다보면 전혀 새로운 것을 얻을 수도 있다. 하지만, 자료분류에는 묶는 방법만 있는 것은 아니다. 'Devide & Control'이라는 말처럼 자료에 있는 내용을 여러 가지로 나눠서 '각개 공략'할 수도 있고, 필자가 졸저인《오후반 책쓰기》에서 언급한 '새롭게 다시 보기', '전혀 어울릴 것 같지 않은 대상들을 서로 연결시켜 보기'와 같은 방법도 가능하다. 똑같은 자료라도 적극적인 의지를 갖고 이렇게도 보고 저렇게도 보고, 한 데 묶어도 보고 쪼개도 보고 하다 보면 업무에 활용할 수 있는 다양한 아이디어를 발견할 수 있게 될 것이다.

이 장에서는 이와 같이 분류작업을 단지 수납공간에 자료를 넣기 위한 것이 아니라 효과적인 아이디어 창출 행위로 발전시킬 수 있는 방법에 대해 살펴볼 것이다. 이와 함께, 자료가 잘못 분류되어 찾지 못하는 일이 발생하지 않도록 하려면 어떻게 해야 하는지에 대해서도 알아볼 것이다.

⊙ 자세히 들여다보라

"자세히 보아야 예쁘다.
오래 보아야 사랑스럽다.
너도 그렇다."

초등학교 교과서에도 수록되어 있는 나태주 시인의 '풀꽃'이라는 시다. 짧지만 폭넓은 공감을 얻고 있다. 얼마 전 집 근처에서 시인의 강연회가 열려서 참석했다. 시인은 초등학교 교장 선생님으로 근무할 때 학생들과 함께 풀밭에 나가 꽃그림을 그렸는데, 학생들이 너무나 빨리 그려서 들고 왔길래 '자세히 들여다보라'고 얘기했다면서, 나중에 그 경험이 시가 되었다고 설명했다. "시가 유명해져서 마지막 행인 '너도 그렇다'를 '너만 빼놓고', '너도 그럴까', '너는 아니다'로 바꾼 패러디도 있는데, '나만 그렇다'로 썼으면 이 자리에 서지 못했을 것"이라고 하는 바람에 모두들 웃었다.

자료도 풀꽃처럼 분류하기에 앞서 자세히 들여다봐야 한다. 그래야 어떤 내용인지 알 수 있고, 혹시 놓쳐서는 안 되는 부분이 있다면 찾아낼 수 있다. 제목만 보거나 대강 읽어 갖고는 내용을 완전히 파악했다고 할 수 없다. 한 번만 슬쩍 봐도 사진 찍듯이 한 페이지를 읽을 수 있는 '독서의 고수'도 있지만, 그런 능력을 갖고 있지 않는 이상은 자세히 읽어봐야 한다.

그냥 지나쳐도 좋을 것 같은 자료도 행간을 읽듯 자세히 읽다보면 아이디어가 떠오르고 의미를 부여할 수 있게 되는 경우가 많다. '독서백편의자현'이라는 말처럼 그냥 읽어서는 이해되지 않는 내용도 자세히 읽으면 이해가 되고, 감춰진 의미를 파악하는 것도 가능해진다. 읽는 과정에서 머릿속 기억으로도 남게 된다.

자료를 특정 파일철이나 컴퓨터 폴더에 넣게 되면, 그 이후에는 해당 카테고리 안에서만 활용이 가능하고 다른 활용 여지는 거의 사라지고 만다. 이런 측면에서도 '두 번 다시 기회는 없다'는 생각으로 자료를 자세히 읽을 필요가 있다. 이왕이면 자료 내용에만 충실할 것이 아니라 자료를 기초로 유추를 해본다든지 하는 방법을 통해 생각을 확장하는 것도 좋을 것이다.

요즈음은 이메일·인터넷을 많이 사용하는데, 클릭만 몇 번 하면 자료를 간단히 컴퓨터에 저장할 수 있다. 그러다보니까 내용을 자세히 읽지 않고 그대로 폴더로 옮겨놓는 경우가 많다. 그렇게 되면 자료를 읽는 과정에서 얻게 되는 소중한 아이디어를 놓치는 것은 말할 것도 없고, 컴퓨터에 검색 기능이 있기는 해도 나중에 찾기가 힘들다. 하나하나가 필요한 자료일지 모른다는 생각으로 꼼꼼히 읽고 난 뒤 저장하는 습관을 들이도록 하자.

《천재들의 컴퓨터 메모법! 정보정리의 기술》을 쓴 와다 히데키는 "정보를 활용하거나 새로운 아이디어를 생각해내려면 수집한 정보를 이해하고 정리하는 과정이 선행되어야 한다. 그래야 자신의 지식으로 만들 수 있다."고 말한다. 《생각의 탄생》의 저자인 로버트 루트번스타인과 미셸 루트번스타인은 "모든 지식은 관찰로부터 시작된다. 우리는 세계를 정밀하게 관찰할 수 있어야 한다. 그래야만 행동의 패턴들을 구분해내고, 패턴들로부터 원리들을 추출해내고, 사물들이 가진 특징에서 유사성을 이끌어내고, 행위 모형을 창출해낼 수 있으며, 효과적으로 혁신할 수 있다."고 적고 있다. 모두들 수집한 정보와 연구대상을 완전하게 이해하고 내 것으로 만드는 노력을 강조하고 있다. 마음에 새겨두고 자료정리에도 적용하면 좋을 것이다.

다이아몬드의 가치를 결정하는 가장 중요한 기준은 컷(Cut), 색상(Color), 투명도(Clarity), 캐럿(Carat) 등 네 가지다. 흔히 4C라고 부른다. 자료정리의 기본요소도 4C라고 부르면 어떨까 싶다. 자료를 읽으면서 중요도 여부를 체크하고(Check), 주제·요소별로 분류하고(Categorize), 보관된 자료를 꺼내서 활용하고(Choose), 불필요한 자료는 버리라(Cast)는 것이다. 모두 다 중요한 요소들이지만, 그 무엇보다도 '자세히 읽는 것'이 우선되어야 한다.

⊙ 다양한 시각으로 보라

  방수천 없이 우산대만 있는 우산이 제임스 다이슨 디자인상을 받았다. 우산대 안에 장착된 모터가 돌아가면서 공기를 뿜어 올리면 이 분출공기가 빗방울을 위로 올려 옆으로 떨어지도록 한다는 개념이다. 아직 제품화되지는 않았다.

  한 대학생이 건조기 안으로 공기가 빨려 들어가도록 해서 손의 물기를 말리는 건조기를 고안했다. 기존의 송풍식 방식이 건강에 해롭다는 점을 고려한 것이다. 레드닷 디자인 어워드의 디자인 콘셉트 부문 최고상과 K-디자인 어워드를 수상했다.

  유명한 제품 디자이너인 스코트 암론은 과일에 홍보용으로 붙이는 스티커를 수용성 세제를 사용해서 만든, ‘워시라벨’이라는 제품을 고안했다. 손으로 떼어낼 수도 있지만 물로 문지르면 세제로 변하기 때문에 과일을 깨끗하게 세척할 수 있다.

  세 제품 모두 성균관대 박영택 교수가 《결국, 아이디어는 발견이다》라는 책에서 소개하고 있는 제품들이다. 박 교수는 제거, 복제, 속성변경, 역전, 용도통합, 연결 등 창의적 발상을 위한 6가지 방법에 대해 설명하면서 이들 제품을 예로 들고 있다. 저자가 제시하고 있는 6가지 발상 코드를 ‘생각의 전환’이라는 단어로 뭉텅

그려서 설명해도 좋을 것이다.

생각의 전환은 제품을 개발할 때만 필요한 것이 아니다. 자료를 분류할 때도 생각의 전환이 필요하다. 앞에서 얘기한 것처럼 자료 분류는 그 과정 자체가 업무 아이디어를 제공해주는 엄청난 행위다. 그러나 자료를 단순히 항목별로 나눠서 서랍이나 컴퓨터 폴더에 집어넣는 '기계적인 분류'만 갖고는 성과를 거두기 어렵다. 참신하고, 획기적인 아이디어를 얻기 위해서는 그만큼 고민이 필요하다.

다음에 소개하는 방법들이 그러한 생각의 전환에 도움이 될 수 있을 것이다. 이러한 방법을 기초로 적극적 자세로 자료를 분류하다 보면 더 깊고, 더 넓고, 한층 새로운 시각으로 자료를 볼 수 있게 될 것이다.

■ 관련 있는 것, 관련 없는 것들을 서로 연결하라

분류작업에서 무엇보다 먼저 고려해야 할 것은 공통점이 있는 자료들을 모으는 것이다. 관련 있는 자료들을 한 데 묶다보면 업무의 인과관계라든지 전체적인 흐름이 명확해지기도 하고 업무 아이디어도 발견하게 된다. 브레인스토밍과 함께 가장 많이 쓰이는 문제해결 발상기법인 'KJ법'에서도 각각의 데이터와 키워드를 일일이 카드에 적은 후 관련 있는 것들끼리 묶어 정리하다보면 새로운 가치를 찾아낼 수 있다고 설명한다.

시작장애인용 자동차 개발로 주목을 받은 데니스 홍 캘리포니아대 LA캠퍼스 기계공학과 교수는 "창의력은 무(無)에서 유(有)를 만드는 개념이 아니다. 전혀 관계없는 것들을 연결하는 능력이다"라고 말한다. 이와 같이 전혀 관련성이 없는 것처럼 보이는 자료들을 연결시켜 보는 작업도 도움이 된다. 생각지 않은 '세렌디피티'와 마주치게 될 수도 있다.

■ 다른 각도에서 보라

일본 도요타 판매 대리점의 한 사원이 전시차량의 타이어를 빼서 펑크 난 손님 차의 타이어를 교체해주어서 유명해졌다. 그는 전시차량을 단순히 홍보용 차량이 아니라 필요시에는 '부품을 공급해 주는 창고'라는 다른 각도에서 본 것이다. 손님이 직원의 서비스에 감명 받아 도요타 자동차의 열렬한 팬이 되었을 것이라는 점은 상상하기 어렵지 않다.

자료를 분류할 때도 도요타 직원과 같은 자세가 필요하다. 차별화된 관점에서 접근해야 한다. 같은 자료라도 다른 시각에서 접근하면 새로운 활용 가능성이 열린다. 자료를 이런저런 항목으로 옮겨보는 행위만으로도 반짝 하고 새로운 생각이 떠오르기도 한다. '뷰자데'라는 말이 있다. '데자뷰'와 반대로 익숙한 상황이지만 낯설게 보이는 경우를 가리키는 말이다. '뷰자데'처럼 늘 보던 자료도 새롭게 보다보면 뜻밖의 아이디어와 마주칠 수 있는 기회가 그만큼 많아질 것이다.

■ 넓은 시각으로 보라

단편적인 자료 하나하나에 얽매이다 보면 숲을 보지 못하고 나무만 보는 결과가 되고 만다. 큰 틀에서 봐야 제대로 보인다. 그래야 하늘 높이 나는 새가 땅을 내려다보듯 전체적인 그림을 그릴 수 있고 올바른 방향으로 업무를 처리할 수 있다. 자료를 읽고 분류할 때 항상 염두에 두어야 할 사항이다.

일반직원이 아니라 경영자의 입장에서 크게 보는 것도 필요하다. 맡은 업무만으로도 벅차서 다른 일에 관심을 두기 힘든 것이 직장인들의 현실이지만, 가급적이면 상급자의 시각에서 자료를 보는 노력을 기울여보자. 업무 아이디어가 그만큼 다양해질 것이고, 깊이 있고 폭넓은 보고서 작성도 가능해질 것이다.

■ 기존의 분류항목에 얽매이지 마라

독서방법론으로 국내에도 잘 알려져 있는 다치바나 다카시는 "분류할 수 없다는 기사가 출현했다는 것은 기존의 분류에 들어맞지 않는 현실이 거기에 존재한다는 얘기가 된다. 그런 상황에 전혀 개의치 않고 그러한 현실을 기존의 분류에 맞춰버리려는 처리 방식이 기계적 처리 방식이다."라고 말한다. 《팩스풀니스》의 공동 저자인 한스 로슬링·올라 로슬링·안나 로슬링 뢴룬드는 "어떤 대상을 불변의 것으로 보는 본능, 지식을 업데이트하지 않는 본능이 오늘날에는 주변에서 일어나는 사회의 모든 혁신적 변화를 보지 못하게 만든다."고 지적한다.

시대가 변하면서 업무 내용에 변화가 생기고, 이에 따라 입수되는 자료의 성격도 달라지기 마련이다. 일을 하다보면 전혀 생각지도 않던 상황이 툭 터져 나올 수도 있다. 그런데도 지금까지 해오던 방식을 고집하면서 기계적으로, 때로는 전혀 얼토당토않게 분류작업을 계속 한다면 그 결과는 불 보듯 빤할 것이다. 기존에 만들어놓은 분류항목을 과감히 깨는 자세가 필요하다.

⊙ 잘못 분류된 자료는 찾기 힘들다

필자는 군복무를 미군병원에서 했다. 병원을 방문하는 환자와 보호자들에게 진료실이나 병실 위치 등을 안내하고 원내방송을 하는 일 외에도 환자 진료카드를 정리하는 것이 주업무였다. 지금처럼 EMR(Electronic Medical Record, 전자의무기록) 시스템이 도입되지 않은 때라서 진료를 받으러 오는 사람들에게 진료카드를 꺼내주고, 반납되는 카드를 다시 알파벳순으로 원위치에 꽂아놓는 일이었는데, 제 위치에 꽂혀져 있지 않은 진료카드를 찾아야 하는 경우도 간혹 있었다. 수천 장은 족히 넘을 카드더미 속에서 '길 잃은' 카드를 찾는 것은 힘든 일이었다. A부터 Z가지 일일이 확인해야 했는데, 운이 좋은 경우에는 앞부분에서 찾기도 했지만, 거의 모든 카드를 다 찾아 헤맨 후에야 찾게 되는 경우도 있었다.

직장에서 자료를 찾는 것도 마찬가지다. 잘못 분류된 자료는 찾기 힘들다. 서랍과 캐비닛에 보관되어 있는 파일철과 컴퓨터 안의 폴더들을 일일이 열어서 확인해야 한다. 수많은 파일철과 폴더를 하나하나 다 들여다보는 작업은 쉬운 일이 아니다. 시간이 많이 걸리고, 그만큼 업무도 지체된다.

자료가 잘못 보관되는 이유는 크게 두 가지다. 첫째는 자료를 엉뚱한 파일철·폴더에 넣는 경우다. 처음에 자료를 분류할 때 잘못 넣기도 하고, 자료를 참고한 후에 다시 원위치 시킬 때 잘못 넣기도 한다. 이런 경우는 '실수'니까 조금만 더 신경을 쓰면 '오분류'를 크게 줄일 수 있다.

두 번째는 분류항목이 잘못된 경우다. 자료를 분류할 때 정해놓은 항목과 나중에 찾을 때 생각하는 분류항목이 다른 경우인데, 단순한 실수가 아니기 때문에 나중에 자료를 찾지 못하는 일이 없도록 하기 위해서는 확실한 원칙을 세워두어야 한다.

가장 중요한 원칙은 자료를 볼 때 '처음 드는 느낌'대로 분류하는 것이다. 나중에 자료를 찾을 때도 '느낌'에 맞는 항목을 찾으면 된다. 정리해 놓은 자료를 찾을 때마다 '이 정보는 어디에 속할까?'라는 질문을 던지면 쉽게 찾을 수 있다. 이러한 질문은 '맨 처음 떠오르는 생각'과 같은 맥락이다. 이렇게 하면 한 번에 자료를 찾지 못할 수도 있지만, 몇 번만 반복하면 큰 어려움 없이 찾을 수 있다.

또 한 가지 원칙은 억지로 분류하지 말라는 것이다. '완벽한 분류'란 사실상 불가능한 일인데, 분류가 잘 되지 않는 자료를 억지로 분류하다보면 나중에 자료를 찾을 때 분류항목이 헛갈려서 오히려 역효과가 날 수 있다. 아무리 고민해도 자료를 분류할 적당한 항목이 없을 경우에는 '미분류 파일철'(컴퓨터는 '미분류 폴더')에 임시로 넣어두는 방법도 가능하다. 하지만, 자칫하면 웬만한 자료를 모두 '미분류 파일철'에 넣게 되어 '배보다 배꼽이 큰' 결과로 이어질 수 있으므로, '미분류 파일철'은 최소화한다는 생각을 가져야 한다.

신경을 써서 자료를 해당 파일철과 폴더에 넣고, 원칙을 세워서 분류하다 보면 나중에 찾지 못하는 경우는 거의 없을 것이다. 몇 군데 찾아봤는데도 없다면 '이 자료는 보관되어 있지 않다'고 스스로에게 자신 있게 말하고, 자료를 구할 수 있는 다른 방법을 알아보는 쪽으로 바로 방향전환을 할 수 있게 될 것이다.

3원칙 : 꺼내기 쉬워야 한다

⊙ 중요한 자료일수록 가까이 두어라

필요한 자료는 언제든 빨리 꺼내서 쓸 수 있어야 한다. 자료를 꺼내는 데 시간이 오래 걸린다면 제대로 업무에 활용하기 힘들 뿐만 아니라, 꺼내 쓰는 일 자체가 힘들어져서 정리 습관을 지속적으로 유지하기도 어려워진다.

자료를 빨리 꺼낼 수 있는 가장 좋은 방법은 자료에 제 위치를 정해주는 것이다. 물건을 정리하는 데 있어서는 '제 위치를 정하는 것'이 '버릴지 남길지 결정하는 것'과 함께 핵심적인 요소인데, 자료도 마찬가지다. 자료별로 위치를 정해주어야만 정리가 가능하고, 언제든 찾아 쓸 수 있다. 꺼내 쓰고 나서 다시 원래 위치에 갖다 놓으면 정리상태가 흐트러질 염려도 없다.

아내가 결혼 전에 필자의 방을 구경한 적이 있다. 아내는 방이 잘 정리되어 있어서 좋은 인상을 받았다며 '이 사람과 결혼하면 집이 깨끗하겠다'는 생각을 했다고 한다. 그 때 필자는 '대청소' 수준으로까지 방을 정리하지는 않았던 것 같다. 평상시에 하던 대로 물건들을 원래 있던 위치에 놓고 물걸레질을 한 정도였던 것으로 기억한다. 필자는 아내를 통해 '제 위치를 정하고 사용 후 원래 위치에 갖다놓는 것'의 중요성을 일찌감치 체감한 셈이다.

자료별 위치를 정하는 데 있어서는 '중요한 자료는 가까이 둔다'는 것을 핵심규칙으로 삼으면 좋을 것이다. 가까운 곳에 있어야 꺼내기 쉽고, 제대로 관리도 할 수 있다. 자료가 책상 위에 있는 3단 트레이에 놓여있다면 손만 뻗으면 된다. 서랍 앞쪽에 자료가 있는 경우에도 서랍을 조금만 열고도 꺼낼 수 있으니까 별 어려움이 없다. 하지만, 자료가 서랍 뒤쪽의 파일철에 '보관'되어 있다든지, 멀리 떨어져 있는 캐비닛에 '보존'되어 있다면 상황은 달라진다. 꺼내기가 불편한 것은 물론이고, 아무래도 자료에 대한 관심이 떨어지니까 '우선적 정리대상'이 되기 쉽다.

여기서 잠깐 '보관'과 '보존'의 차이점을 짚고 넘어가도록 하자. 《정리정돈의 습관》을 쓴 일본 제1호 정리컨설턴트 고마츠 야스시가 두 용어 간의 차이점을 잘 설명하고 있다. 기억해 두었다가 구분해서 사용하면 좋을 것이다.

"보관과 보존이라는 말에는 큰 차이가 있다. '보관'이란 필요할 때 곧바로 사용할 수 있도록 자신의 책상과 같이 현재 사용하는 공간에 '일시적'으로 넣어둔 상태를 말한다. '보존'은 중요하긴 하지만 일상적으로 사용할 일이 없으며 급히 찾을 일 없는 물건을 창고 등에 넣어둔 상태이다."

서랍에 자료를 보관할 때는 낱장으로 보관하는 것이 아니라 '계층적 분류시스템'에 따라 파일철에 넣어서 보관하면 된다. (대항목-중항목-소항목 등으로 파일철을 나누는 '계층적 시스템'에 대해서는 제3부 2장에서 자세히 알아볼 것이다.) 이 때 가장 최근에 사용한 파일철을 서랍의 맨 앞에 두게 되면, 오랫동안 사용하지 않은 파일철은 자동적으로 뒤쪽으로 가고 자주 사용하는 파일철은 앞쪽에 위치하게 되니까 중요한 순서대로 파일철이 배치되는 효과를 거둘 수 있다. 이 방식은 '밀어내기 파일링'이라고도 불린다.

파일철 속에 자료를 넣을 때는 가장 최근 자료가 맨 앞에 오도록 날짜순으로 정리해서 클립이나 집게로 집거나 클리어파일에 끼우면 여러 모로 편리하다. 입수되는 자료를 맨 앞에 위치시키기만 하면 되니까 간편하고, 날짜순으로 되어 있어서 자료들간의 전후관계라든지 전체적인 업무 흐름을 파악하는 데도 매우 도움이 된다. 자료가 순서 없이 뒤섞여 있다면 얼마나 혼란스러울 것인가! 생각하는 것만으로도 머리가 아프다.

날짜순으로 정리할 때는 날짜 표시가 되어 있지 않은 자료에는 제목 아래 쯤에 날짜를 적어두는 것이 필요하다. 그냥 놔두었다가는 시일이 조금만 지나도 헷갈린다. 잊지 말고 자료가 입수되는 즉시 반드시 적어두자.

가로와 세로 방향으로 인쇄된 자료가 섞여 있거나, 자료의 앞면과 뒷면이 위아래가 거꾸로 인쇄되어 있는 문제에 대해서도 생각해보자. 이런 자료가 뒤섞여 있으면 읽을 때마다 돌려서 읽어야하기 때문에 시간이 걸린다. 읽어야 할 자료가 많으면 피곤한 작업이 되기도 한다. 모든 자료의 용지방향과 인쇄방향을 똑같게 통일시켜 놓으면 업무의 효율성을 높이는 데 도움이 될 것이다.

⊙ 정리도구별 용도를 확실히 하라

건축사학자인 임석재 교수는 서울에 거주하는데, 경기도 광주에도 방이 5개 있는 아파트를 구해 집필실로도 사용하고 자료도 보관하고 있다. 각 방들은 사진자료를 넣어놓는 방, 인물별 자료방, 시대별 자료방(2꾼), 집필공간 겸 현대건축 자료방 등으로 용도를 구분해 놓았다. 이처럼 저술활동 등을 위해 많은 자료가 필요할 때는 자료보관을 위한 널찍한 공간을 따로 마련하기도 한다.

직장인도 업무상 필요성 등으로 넓은 사무실에서 일하는 경우가 있을 것이다. 하지만, 대부분의 직장인들은 공간적 여유가 별로 없는 사무실에서 근무하기 때문에 자료 정리를 위한 각 개인의 수납공간도 한정될 수밖에 없다.

오래 전에 자동차를 구입했을 때 트렁크를 구획별로 나눠서 잘 활용하려는 생각으로 '맞춤형 정리함'을 트렁크 안쪽에 설치한 적이 있다. 정리함에 간단한 정비도구와 삼각대, 방전시에 대비한 충전케이블 같은 것들을 넣고 지퍼로 잠그니까 무척 깔끔해 보였다. 그렇지만 10여년이 지나서 차를 매도할 때까지 정리함을 열어본 기억은 거의 없다. 사무실도 마찬가지일 것이다. 수납공간이 많다고 해도 빈 공간으로 남겨두는 경우도 있을 것이고, 반드시 효율적인 자료정리로 이어지는 것도 아닐 것이다. 반대로 생각하면, 수납공간이 적으면 적은대로 자료 정리·보관에 최대한 활용할 수 있는 방법을 찾으면 된다는 이야기가 된다.

필자의 경험에 비추어보면 3단 트레이, 파일서랍, 공용 캐비닛 등 세 가지만 있어도 자료를 정리하는 데 별 어려움이 없었다. 이때 각 수납공간을 어떤 용도로 사용할 것인지에 대한 명확한 구분이 선행되어야 하는 것은 물론이다. 아래는 이들 세 가지 수납공간에 대한 필자의 사용법이다. 업무환경에 맞게 변형·원용하면 좋을 것이다.

■ 3단 트레이

트레이는 보통 한 단짜리 제품이 판매되고 있어 원하는 층의 개수만큼 구입해 쌓아서 사용한다. 책상 위에 여유 공간이 있다면 겹쳐서 쌓아올리지 않고 책상 위에 나란히 놓아도 된다. 대개 2~3칸 높이로 쌓아서 사용하는데, 경험에 비추어볼 때 2단보다는 3단으로 된 트레이가 편리하다.

3단 트레이를 책상 위에 올려놓고 매일 처리해야 할 일을 관리하는 용도로 사용할 것을 추천하는 사람도 있다. 맨 위 층에는 처리해야 할 서류, 중간층에는 현재 진행하고 있는 업무, 맨 밑층에는 가장 중요한 프로젝트 관련 서류를 넣으라는 것이다. 이것도 유용한 방법이겠지만, 오른쪽 페이지의 그림과 같이 현안 처리뿐만 아니라 입수자료를 임시 보관하고, 분류를 하는 기능까지도 트레이에 부여한다면 보다 더 효과적으로 트레이를 사용할 수 있을 것이다.

현안 자료를 3단 트레이의 맨 아래 칸에 두는 이유는 서랍 속에 넣으면 아무래도 관심권에서 멀어지니까 가까운 곳에 두고 신경 써서 관리하기 위한 것이다. 《지적 생산의 기술》의 저자인 우메사오 다다오가 "용건이 끝나기 전에는 편지를 파일로 정리해서는 안 된다. 답장을 써야 한다면 답장을 쓴다. 그 후에 답장 복사

제2부 자료정리의 다섯 가지 원칙

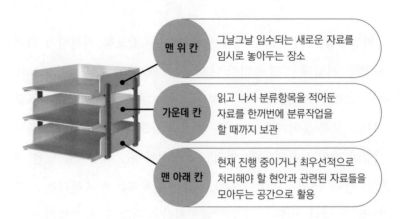

〈3단 트레이를 활용한 자료 분류 방법〉

맨 위 칸 — 그날그날 입수되는 새로운 자료를 임시로 놓아두는 장소

가운데 칸 — 읽고 나서 분류항목을 적어둔 자료를 한꺼번에 분류작업을 할 때까지 보관

맨 아래 칸 — 현재 진행 중이거나 최우선적으로 처리해야 할 현안과 관련된 자료들을 모아두는 공간으로 활용

본과 함께 파일로 정리한다."고 말한 것과 같은 맥락이다. 현안 자료가 가운데 칸의 밑바닥에 닿을 정도까지 높게 쌓인다면 '진행중 파일철'을 만들어서 자료 중 일부를 트레이에 남겨두고, 나머지는 파일서랍의 앞부분에 보관해서 필요할 때 꺼내 쓰면 된다.

　3단 트레이의 맨 위와 가운데 칸에 있는 자료들은 그날그날 바로 처리해야 한다. 그러지 않고 미루다보면 자료가 계속 쌓여서 관리할 수 없는 상황이 되는 것은 시간문제이기 때문이다. 맨 아래 칸에 있는 자료는 퇴근할 때는 잠금장치가 되어있는 장소에 보관해 놓았다가 다음날 출근할 때 다시 꺼내 놓는다. 자료를 안전하게 보관하는 의미도 있지만, 그래야만 자료를 한 번 더 보게 되어 잊어버리지 않고 빨리 처리하자는 각오도 새롭게 다지게 된다.

■ 파일서랍

파일서랍은 파일철을 세워서 보관할 수 있도록 제작되어 있어서 일반 서랍에 비해 높이가 다소 높다. (파일철은 세워서 보관해야 한다. 파일철이 눕혀져 있으면 다른 파일철들을 치워야만 꺼낼 수 있기 때문에 괴로운 작업이 되고 만다.) 사무실에서는 보통 높이가 각각 다른 세 개의 칸으로 구성되어있는 책상서랍이 많이 사용되는데, 이러한 책상서랍에는 파일철을 넣을 수 있는 칸이 한 개뿐이어서 자료가 많은 경우에는 부족하다는 느낌이 들 수 있다. 이와 달리 2단 파일서랍은 서랍이 두 개라서 책상서랍보다 많은 자료를 보관할 수 있다. 위 칸은 허리를 굽히지 않고 손만 뻗으면 파일철을 넣고 뺄 수 있으니까 중요하거나 자주 사용하는 자료를 넣어두고, 트레이의 맨 아래 칸과 연계되어 있는 '진행중 파일철'과 '미분류 파일철' 등 주요 자료철은 맨 앞쪽에 둔다. 2단서랍의 아래 칸은 주로 업무 참고자료를 보관하는 용도로 사용하면 된다.

서랍에 있는 파일철들은 칸막이를 이용해서 대항목별로 따로 관리할 수도 있지만 이러한 구분 없이 '밀어내기 파일링' 방식으로 일괄적으로 관리하는 것이 편리하다. 서랍 두 칸에 들어갈 수 있는 파일철의 개수가 한정되어 있고, 파일철을 사용하다보면 서랍 속의 대략적인 위치도 기억되기 때문에 굳이 대항목별로 분류하지 않더라도 찾는 데 오래 걸리지 않는다. 단, 파일철이 많은 경우라면 대항목별로 관리하는 것을 고려해 봐도 좋을 것이다.

파일철에는 일일이 제목을 달아놓아야 하는데, 손글씨로 써도 되지만 이왕이면 타이핑을 하거나 라벨프린터 같은 기구를 활용해서 라벨을 붙여 놓으면 파일철을 넣고 뺄 때 좋은 기분을 느낄 수 있다. 사소한 일이지만 자료정리를 하는 즐거움을 제공해주고, 절대로 옛날로 돌아가고 싶은 마음이 들지 않게도 해준다.

파일철에 보관되는 자료는 가급적 A4 크기로 통일시키는 것이 좋다. 크기가 각양각색이면 관리하기가 힘들다. 크기가 작은 자료는 A4용지에 붙이고, 큰 자료는 축소복사해서 보관하면 된다.

필자는 이 책을 쓰면서 아내로부터 생일선물로 받은 2단 파일 서랍을 자료 관리에 활용했다. 본문의 1~3부를 각각 대항목으로 하고 본문 이외의 나머지 전부를 한 개의 대항목으로 해서 총 4개의 대항목을 만들고, 본문의 각 장과 제목·프롤로그·부록·에필로그·참고문헌·찾아보기 등을 중항목, 본문의 각 장 아래 소주제(꼭지)들을 소항목으로 정했다. 각 대항목은 칸막이로 나누고, 중항목은 색깔이 다른 파일철, 소항목은 투명 클리어파일을 사용했다. 이렇게 하니까 책상 위가 깨끗하게 정돈되고, 필요한 자료도 쉽게 꺼내 쓸 수 있었다.

〈 필자의 파일서랍 〉

〈 제1부 1장의 파일철과 꼭지별 자료들 〉

이 책의 제1부에서도 소개된 바 있는 '히말라야의 기록자' 엘리자베스 홀리 여사가 2014 년에 AFP 통신과 인터뷰한 사진이 언론에 보도되었다. 사진 속에서 노년의 홀리 여사는

한 손으로 반쯤 열려져 있는 서랍을 잡고 다른 한 손으로는 파일 철 한 개를 들고 서있다. 그녀가 서랍을 주로 사용해서 자료를 정리해 왔음을 보여주는 사진이라고 생각된다. 서랍만 잘 활용해도 '정리의 달인'이 될 수 있다.

■ 공용 캐비닛

사무실에는 보통 공용으로 사용하는 캐비닛이 비치되어 있다. 키가 높고 여러 칸으로 나뉘어져 있어 많은 자료를 보관할 수 있다. 하지만, 캐비닛은 대부분 개인 책상에서 떨어진 곳에 위치해 있어 이용하기는 불편하다. 그래서 업무처리가 끝났거나 자주 사용하지 않는 파일철을 파기에 앞서, 또는 창고에 영구보존하기 전까지 일정 기간 동안 보관 - 이 경우는 보존이라는 단어가 더 적합할 듯하다. - 하는 용도로 사용하면 좋다.

캐비닛에 파일철을 보관할 때는 서랍으로부터 옮겨져 오는 파일철을 왼쪽이나 오른쪽 중 어느 한쪽 끝에 꽂아놓는다. 일종의 '밀어내기 파일링'인데, 이렇게 하면 오래되거나 꺼내보지 않는 자료는 차츰 다른 쪽으로 밀려나게 된다. 새로 이동해 오는 파일철을 캐비닛의 어느 쪽에 넣어도 되지만, 왼쪽 끝에 파일철이 꽂혀져 있으면 제목이 잘 보이지 않기 때문에 오른쪽에 놓는 것이 낫다.

⊙ 파일목록도 만들자

정리되어 있는 자료는 필요할 때 빨리 찾을 수 있어야 의미가 있다. 우리에게 필요한 것은 파일의 '정리'가 아니라 '인출'이다. 단순히 정보가 담긴 서류를 치우는 것이 아니라 나중에 쉽고 빠르게 찾는 것이다. 파일목록을 작성해두면 자료를 찾는 데 많은 도움이 된다. 업무시간 절약으로도 이어질 수 있는 중요한 작업이다. 서랍은 말할 것도 없고 캐비닛에 보관되어 있는 자료도 목록 작성대상에 포함시키는 것이 좋다.

서랍과 캐비닛 안에 보관된 파일철들을 세세히 다 기억할 수는 없다. 그래서 목록 작성이 필요하다. 파일철 목록이 작성되어 있다면 자료를 분류해서 넣을 때와 자료를 찾을 때 모두 활용 가능하다. 서랍이나 캐비닛을 뒤지지 않고 목록만 확인해 봐도 어떤 파일철이 있는지, 어디에 넣으면 될지, 어디서 찾으면 될지 한눈에 알 수 있다.

파일목록을 작성할 때는 계층적 분류시스템의 어디에 속하는 파일철인지 파악할 수 있도록 계단식으로 파일철 제목을 적어야 한다. 그러지 않고 제목을 쭉 나열해 놓는다면 목록 작성의 취지는 반감되고 만다.

작성해놓은 파일목록은 투명 클리어파일에 넣어 보관하면 훼손·분실을 방지할 수 있다. 직장인에 따라서는 중요한 업무자료를 요약해서 '참고자료 바인더'를 만들어 놓기도 하는데, 이렇게 바인더가 준비되어 있는 경우에는 목록을 바인더의 앞부분에 끼워둔다. 서랍의 맨 앞에 비치해두면 필요할 때마다 바로바로 참고할 수 있다. 캐비닛의 경우는 문을 열면 맨 먼저 눈에 띄는 위치에 붙여놓는다.

파일철은 필요에 따라 새로 만들어지기도 하고, 서랍에서 캐비닛으로 옮겨지기도 하고, 파기되기도 하는 등 지속적으로 변화가 발생한다. 귀찮다고 방치하다가는 당장 자료가 필요할 때 찾기 힘들고, 입수되는 자료를 제대로 분류해서 넣는 데도 애를 먹을 수 있다. 다소 번거롭더라도 몰아서 한꺼번에 하려고 하지 말고 파일철에 변동이 생길 때마다 바로바로 목록에 반영시켜야 한다.

4원칙 : 습관화해야 한다

☺ 자료정리도 습관이다

　필자가 퇴근 후 집에 도착하면 가장 먼저 하는 일이 있다. 신발 정리다. 현관문을 열고 들어섰을 때 신발이 흐트러져 있으면 줄을 맞춰 놓는다. 오래 전에 '현관 앞 신발정리 상태를 보면 그 집이 어떤 집인지 알 수 있다.'는 얘기를 들은 것이 인상에 깊이 남아, 그 이후부터 신발을 정리하기 시작했다. 이런 모습을 보면서 자랐기 때문인지, 딸애는 어렸을 때 여행을 가면 호텔에서 신고 있던 슬리퍼를 가지런히 모아 침대 아래에 놓아두곤 했다.

　지금은 습관처럼 되었지만, 처음에는 귀찮은 일이었다. '다른 사람들이 방문할 때만 정리하면 되지 않을까?' 하는 꾀도 났다. 하지만, 그런 유혹을 이기고 계속 하다 보니 지금은 으레 하는 일과가 되었다. 가지런히 놓인 신발들을 보면 기분도 상쾌해진다. 채 1분도 걸리지 않는 일이 가져다주는 '소확행'(작지만 확실한 행복)이라고나 할까?

  습관을 들이려면 처음에는 힘이 든다. 하지만 일단 습관으로 자리 잡고 나면, 매일 아침에 일어나서 양치질을 하는 것처럼 자연스런 일상이 된다. 반복적으로 하면 습관이 된다. 일단 습관이 되면, 쉽게 그리고 저절로 하게 된다.

  자료정리도 그렇다. 처음에는 귀찮다. '어쩔 수 없어서 하는 일'이라는 생각이 들면서 하기 싫다. 자료정리를 할 시간에 차라리 카톡에 들어가 보고, 아는 사람들하고 전화통화라도 하는 게 낫겠다는 생각도 든다. 그렇지만 어려운 고비를 참고 잘 이겨내기만 하면 지속하는 건 어렵지 않다.

  미국의 파워블로거이자 자기계발 전문가인 스티븐 기즈는 《습관의 재발견》에서 "습관을 만드는 것은 가파른 오르막, 완만한 언덕, 정상, 그리고 내리막길이 이어지는 길을 따라 자전거를 타는 것과 같다. 처음 시작할 때는 젖 먹던 힘까지 다해 페달을 밟아야 한다. 그 이후부터는 점점 더 쉬워지지만 언덕 꼭대기에 다다를 때까지 페달에서 발을 떼서는 안 된다."고 했다.

  자료정리도 언덕을 오르는 것처럼 처음에는 고생스럽다. 포기하고 싶다. 그러나, 약해지려는 마음을 다잡고 계속 하다보면 어느새 습관으로 자리잡는다. 어느 시점이 되면 내리막길을 내려가는 것처럼 쉬워진다. 이때부터는 지속적으로 유지해 나가기만 하면 된다. 모든 습관이 그렇듯 처음 길들이기가 힘들 뿐이지 한번 몸에 배면 그 다음부터는 쉽다.

《아주 작은 습관의 힘》의 저자인 제임스 클리어는 "작은 습관들은 인생의 저울 위에 있는 긍정적인 접시에 모래알을 더하는 것과 같다."면서 "습관은 복리로 작용한다."고 말한다. 자료정리도 습관이 되고나면 업무의 효율을 높여주고 워라밸을 가능하게 해주는 등 수많은 이득을 가져다준다. 처음에는 조금 힘들더라도 참아내서 그 이득을 맛봐야 하지 않을까?

☺ 꾸준하게 지속적으로 하라

자료정리가 습관으로 자리 잡더라도 주의를 기울이지 않으면 '리바운드'(re-bound)하기 쉽다. (리바운드는 정리하기 이전의 상태로 다시 돌아가는 것을 가리키는 용어로 사용되고 있다.) '평생 함께 하는 습관으로 삼겠다'는 생각으로 습관을 유지할 수 있도록 노력해야 한다. 그 방법은 간단하다. 꾸준히, 지속적으로 하는 것이다.

제2부 자료정리의 다섯 가지 원칙

딸애가 초등학생이었을 때 집 근처 주말농장에서 매년 텃밭을 분양받아 상추와 쑥갓, 치커리, 고추 같은 채소들을 재배했다. 10평을 분양받았을 때는 우리 가족이 관리하기에 벅차서 딸애의 두 친구 가족에게 '재분양'해 주기도 했다. 굵은 소낙비가 내리는 날 세 가족이 주말농장에 딸린 원두막에 둘러앉아 빗소리를 들으면서 삼겹살을 굽고 부침개를 만들어서 갓 따온 상추·고추와 함께 먹었던 일은 지금도 좋은 추억으로 남아있다.

처음에 주말농장을 시작했을 때는 잡초를 제거하는 것이 힘들지 않을까 염려되었는데, 줄기가 올라오는 부분만 남기고 밭 전체에 검은색 비닐을 씌우는 것으로 해결 가능했다. 점차 자신감이 생기면서 토마토에도 도전했다. 그런데 토마토는 가지가 많이 퍼지는 특성이 있어서 1~2주만 건너뛰어도 금새 무성해졌다. 관리되지 않은 어수선한 우리 밭으로 인해 농장 전체에 피해를 입히는 것 같아 미안했다.

자료정리는 토마토를 재배하는 것과 똑같다. 잠깐만 미뤄놓아도 쌓인다. 한번 쌓이기 시작하면 엄청난 속도로 늘어나서 감당할 수 없게 된다. 그러다가 리바운드 상태가 된다. 리바운드까지는 가지 않더라도 정리할 자료가 많아지면 분류해서 넣는 것 자체가 목적이 되어 버려서 활용방법을 충분히 생각할 여유가 없다. 이런 상황이 되지 않으려면 신경을 써야 한다.

가장 좋은 방법은 '매일' 하는 것이다. 몇 년 전에 염소와 소를 방목하는 일을 하는 멕시코의 젊은 여성이 50km 산악마라톤에서 우승했는데, 매일 10~15km를 뛴 것이 그 비결인 것으로 알려졌다. 매일 하는 것은 그만큼 힘이 세다. 귀찮더라도 자료를 쌓아놓지 않고 매일 정리하면 시간도 오래 걸리지 않는다.

앞에서도 언급한 바 있는 스테파니 윈스턴은 '매일 정리하는 시간을 갖는 것'이 서류 정리에 도움이 될 것이라고 소개한다. 그러면서 대부분의 경영자들이 오전 7시나 7시 30분에 회사에 출근해서 하루를 시작하는데, 출근하자마자 혹은 커피타임을 가진 후 즉시 30분 동안 먼저 서류를 처리한다고 설명한다. CEO들도 자료 정리를 주요 일과 중 하나로 중요시하고 있는 것이다.

'자료를 모아놓았다가 한꺼번에 정리해도 되지 않을까?' 하는 생각을 할 수도 있다. 하지만, 그것은 자료를 많이 필요로 하지 않는 업무라면 가능할지 몰라도 매일같이 수많은 자료를 갖고 씨름해야 하는 사람들에게는 절대로 피해야 하는 일이다.

정약용 선생은 좋은 자료를 입수할 때마다 함에 넣어놓고, 나중에 함이 어느 정도 차면 안에 들어있는 자료들을 꺼내 카테고리별로 엮어서 책을 냈다고 한다. 책을 쓰려는 목적이라면 이러한 방법도 유용할 것이다. 하지만, 매일같이 다양한 문서를 작성하고 보고서를 생산해야 하는 직장인들에게 이러한 방식은 맞지 않는다. 매일 꾸준히 분류·정리해서 언제든지 활용할 수 있는 상태를 유지해야 한다.

필자와 함께 일했던 한 직원이 딱 그런 식으로 '날을 하루 잡아서' 정리하는 스타일이었다. 평소에는 일이 많아서 시간을 내기 힘들어서였겠지만, 자료를 한꺼번에 몰아서 정리하는 모습을 여러 번 보았다. 작업을 할 때마다 오랜 시간이 걸려서 무척 피곤해했다. 그 이후 근무하는 부서가 바뀌어서 더 이상 그 직원의 자료 정리 모습을 볼 수 없었는데, 그렇게 힘들어 하면서도 똑같은 정리방식을 계속했을지 궁금하다.

꾸준하고 지속적인 자료정리를 어렵게 만드는 또 한 가지 원인은 널리 알려진 '깨진 유리창 법칙'이다. 잠깐 방심을 하고 사소한 예외를 만드는 순간 자료정리 습관은 무너져버린다. 애초부터 유리창이 깨지지 않도록 잘 관리해야 한다. 혹시 유리창이 깨지는 일이 발생한다면 즉시 갈아 끼워야 한다.

⊙ 자투리시간을 활용하라

　앞에서 자료정리는 매일 해야 한다고 했는데, 하루에 얼마만큼의 시간을 정리에 할애하는 것이 적당할까? 자료정리는 분류 과정에서 업무 아이디어를 얻고 나중에 필요할 때 빨리 찾기 위한 것이라는 점, 그리고 매일같이 해야 하는 일이라는 점 등을 감안한다면 너무 많은 시간을 투입하는 것은 '과유불급'일 것 같다. 《정리하는 뇌》의 저자인 대니얼 레비틴이 "파일을 철하고 분류하는 데 걸리는 시간이 검색으로 보답 받는 시간보다 많아져서는 안 된다."고 말한 것처럼, 자료를 활용하는 것보다 정리하는 데 더 많은 시간이 걸려서는 안 된다.

　일본의 정리컨설턴트인 고마츠 야스시는 "정리정돈은 짧으면 1분, 길어도 15~30분 정도의 시간이면 충분하다."고 정리시간에 대한 기준을 제시하고 있다. 필자의 생각으로는 자료를 분류해서 수납공간에 넣는 데 30분 정도가 무난할 것 같다. 물론 자료를 읽고 내용을 파악하는 것은 업무 과정에서 당연히 해야 하는 일이니까 자료정리와는 별도의 시간이 필요하다.

　그러면, 자료 정리를 위한 시간은 어떻게 확보하면 좋을까? '시간을 정하지 않고 분산해서 처리'하는 것이 가장 좋은 방법이 아닐까 싶다. 즉, 자료정리를 한 번에 하려고 하지 말고 일과 시간

중에 나눠서 하는 것이다. 이를 우리에게 맞게 적용해보면 다음과 같은 방법이 가능할 것이다.

먼저, 출근하자마자 그때까지 입수된 자료를 읽고 '내 것'으로 소화한 후에 분류항목을 적어서 3단 트레이의 두 번째 칸에 넣는다. 그 이후 수시로 입수되는 자료는, 잠깐 동안의 시간을 내는 것조차도 불가능한 경우 이외에는, 그때그때 바로 읽고 나서 분류항목을 적은 후 마찬가지로 두 번째 칸에 넣어둔다.

트레이의 가운데 칸에 있는 자료를 분류항목에 따라 나누고 파일철에 넣는 작업은 자투리시간에 하는 것이 제격이다. 자투리시간은 어떤 일을 하다가 조금씩 남는 시간이다. 업무와 업무 사이에 잠깐 비는 시간이 될 수도 있고, 화장실에 다녀와서 숨을 돌리는 시간이 될 수도 있고, 점심식사 직전과 직후의 시간이 될 수도 있다.

자투리 시간에 대해서는 《하버드 첫 강의 시간관리 수업》의 저자인 쉬센장이 적절한 정의를 내리고 있다. 그의 말에 따르면 "자투리시간이란 말 그대로 연속되지 않은 시간, 혹은 업무와 다른 업무 사이에 발생하는 잠깐의 틈이다. 이런 시간은 우리가 느끼지 못할 정도로 짧기 때문에 등한시되고 있다. 자투리시간은 매우 짧지만 장기적으로 누적되면 상당히 긴 시간이다."

직장인들에게 매달 발생하는 자투리시간은 20~40시간이나 된다고 한다. 주 5일을 일한다고 하면 하루에 1~2시간이 자투리시간이라는 얘기다. 참으로 엄청난 시간이다. 업무를 하다보면 피곤하니까 중간에 차 한 잔 마시는 여유도 필요하겠지만, 이 자투리시간 가운데 일부만 잘 활용해도 자료를 정리하는 데 충분한 시간을 확보할 수 있을 것이다.

5원칙 : 활용이 생명이다

⊙ 정리가 목적이 되어서는 안 된다

다치바나 다카시는 《지식의 단련법》에서 "자료정리가 바닥없는 진창 같은 것이라서 주의하지 않으면 어느새 깊숙이 빨려 들어간다."고 경고하면서 자료정리에만 빠져 지내는 한 오사카 청년의 사례를 소개한다.

20대 중반의 그 청년은 어떤 자료라도 3중, 4중으로 교차참조가 가능토록 완벽하게 정리한다. 이를 위해서 매일 아침부터 저녁까지 정리를 하며, 자신은 일을 하지 않고 부인이 미용실을 운영한다. 정리하고 싶은 자료가 늘어나서 밤에 잠잘 시간을 아껴가며 정리를 해도 시간이 모자란다.

자료정리의 위험성에 대해 말하는 것은 다치바나 다카시만이 아니다. 많은 사람들이 비슷한 얘기를 하고 부정적 측면에 대해 경고한다.

▶ "정리의 함정은 자신도 모르는 사이에 정리하는 것 자체가 목적이 되어버려 진정한 목적인 업무의 효율화를 망각한 상태를 가리킨다."

▶ "오로지 정리를 위한 정리는 의미가 없고 비생산적이며 어리석은 일이다."

▶ "우리가 정리를 통해 얻으려 하는 것은 '정리된 그 상태'뿐이 아니다. 정리는 목적을 위한 수단이다."

▶ "'가지고 있으면 언젠가 필요할 때가 있을 것이다'라고 생각하기 때문에 버리지 못한다. '이용한다'에서 '소유한다'로 어느새 목적이 바뀐 셈이다. 이렇게 되면 '수집마니아'가 되어버려 갈수록 '수집벽'이 심해진다."

제1부에서 살펴본 것처럼 자료정리는 사람들에게 즐거움을 주기도 한다. 정리가 취미가 되고, 정리하는 일이 직업으로 발전하기도 한다. 하지만, 자료정리의 본질은 어디까지나 '활용'이다. 효율적으로 업무를 수행하고 생활에 도움을 얻기 위한 수단이지 결코 그 자체가 목적인 것은 아니다. 자료정리의 많은 장점들은

자료를 정리하다보면 얻게 되는 '덤'이자 노력에 대한 '보상'일
뿐이다.

자료정리는 목적이 되어버리는 순간 의미를 상실한다. 주객이
전도되어서는 안 된다.

☺ 포장을 뜯지 않은 채로 내버려두지 마라

TV 홈쇼핑 광고를 보다보면 상품 구입으로 이어지는 경우가 많
다. 쇼호스트의 설명을 듣고 있노라면 가성비가 최고인 것 같고,
더 이상 좋은 조건이 없을 것 같고, 안 사면 후회할 것 같은 생각
이 들어 서둘러 구입을 결정한다. 스마트폰에 깔아놓은 앱에서 숫
자버튼을 몇 번만 클릭하면 되니까 결제가 간편한 것도 구입에 일
조를 한다. 하지만, 막상 주문한 상품이 집에 배달되어 오면 호기
심이 식는다. 내 물건이 되었으니까 서두르지 않아도 된다는 생각
이 든다. 이런저런 이유로 상품을 바로 열어보지 않는 일도 적지
않다. 속옷과 같이 세트로 판매되는 제품의 경우에는 일부만 뜯어
서 사용하고 나머지는 그대로 놔두기도 한다. 그러다가 사용하지
않은 채로 잊혀진다. 그런 상품을 지켜보는 것은 마음 아픈 일이
다. 주인을 잘못 만나서 '피워보지도 못했다'는 생각이 들어서 기

분도 다운된다.

이렇게 포장도 뜯지 않은 채 방치되고 버려지는 것들은 홈쇼핑 상품만이 아니다. 사무실의 자료도 마찬가지다. 나중에 읽어봐야겠다고 별도의 파일철을 만들어 보관했다가 그대로 폐기하는 경우도 많다.

참고자료 책자 같은 것을 긴급히 만들어야 하는 일이 간혹 생긴다. 그런 때는 몇 주간을 정신없이 바쁘게 지내게 된다. 시한이 정해져 있는 일이라서 그 안에 완성하려면 바짝 작업을 해야 한다. 밤이 늦은 시각이 되어서야 퇴근하는 것도 부지기수다. 이러한 상황에서는 자료정리에 신경을 쓰는 것은 거의 불가능하다. 시간도, 마음의 여유도 없다. 입수되는 자료들은 '나중에 꼭 읽어볼 것'과 같은 제목의 파일철을 만들어 일단 넣어두기는 한다. 하지만, 그러면 끝이다. 더 이상 자료를 꺼내볼 일은 없다. 그날그날 입수되는 자료들만으로도 벅찬데, 엄청나게 쌓여있는 자료를 건드릴 엄두는 나지 않는다.

이렇게 보관되는 자료는 '주인'의 관심을 받지 못한 채 캐비닛으로, 혹은 문서세단기나 '휴지통'으로 가는 운명을 맞이한다. 사무실 대청소 등으로 인해 그 기간이 더 짧아지기도 한다. 파일철을 만들고 보관해온 그간의 시간과 노력은 허공에 날려버리는 시간이 되고 만다. 활용되지 못한 자료의 두께만큼 업무성과를 거둘 수 있는 기회도 날아가 버린다.

　의외로 많은 사람들이 정보 수집에는 '목숨'을 걸면서도 정작 '활용'의 기회를 놓치는 경우가 많다. 정리는 넣어두는 작업이 아니라 바로 사용 가능하도록 준비하는 작업이다. 자료의 포장을 뜯어보자. 처음 자료와 마주할 때의 초심으로 돌아가서 한 번 더 관심을 가져보자. 또 한 번의 짧은 눈길이 획기적인 아이디어로 이어질지 누가 알겠는가?

☺ 성과가 있어야 지속할 수 있다

　최선을 다해 열심히 일했는데도 성과로 이어지지 않는 경우가 있다. 맥레이븐 제독이 텍사스대학 연설에서 말했듯 '삶은 공평하지 않다.'

　열심히 일하는 직원과 함께 일했던 적이 있다. 그는 한시도 쉬는 일이 없었다. 담당업무에 관한 자료도 항상 부지런히 정리해 두었다. 그렇지만 '결과물'은 그리 많지 않았다. 한 시간 정도면 끝낼 수 있는 결재서류 작성에 반나절이 걸리기도 하고, 보고서에 참신한 내용이 담기는 일도 많지 않았다. 열심히 일하고 있는 것은 다들 알고 있었지만, 결과물이 적으니까 높은 평가점수를 받지 못했다. 일은 당연히 열심히 해야 하지만, 단지 열심히 하기만 해서는 안 된다. 밖으로 드러나는 '결과'가 있도록 '선택과 집중'이 필요하다.

칭찬이 고래를 춤추게 하듯, 좋은 결과가 있으면 더 열심히 하게 된다. 상승작용이 이루어진다. 하지만 그 반대의 경우라면 상황은 다르다. 자료정리에 아무리 신경을 써도 성과가 없으면 잘해야겠다는 마음이 사라진다. 모처럼 큰 마음먹고 시작한 자료정리라도 오래 지속하기 힘들다.

자료정리가 정리만으로 끝나서는 안 된다. 정리된 자료를 활용해서 '잘 팔리는 제품'을 만들어내야 한다. 다른 사람들이 착안하지 못한 멋진 사업아이디어를 제안하고, 다양한 자료가 담긴 내용이 풍부한 보고서도 작성해야 한다. 그러기 위해서는 기계적으로 자료를 분류하지 않고 훌륭한 제품 생산을 위한 재료가 될 수 있도록 좀 더 깊이 생각하고, 좀 더 넓게 보고, 다른 시각에서도 접근하는 노력이 필요하다. 짧은 시간 안에 중요한 내용을 모두 담은 보고서를 작성할 수 있도록 문서작성 기술도 익혀야 한다. 그래야 성과를 낼 수 있다.

그러면, 문서작업은 어떻게 하면 빨리 할 수 있을까? 무엇보다도 정리해 놓은 자료에서 핵심적인 내용을 빨리 '추출'해내는 작업이 필요하다. 수많은 자료를 일일이 다 자세히 읽다가는 시간이 아무리 많아도 부족할 수밖에 없다. 쭉쭉 넘겨가면서 쓸 만한 내용을 뽑아내야 한다. 그런데, 다행스런 점이 있다. 쭉쭉 자료를 넘기다보면 신기하게도 중요한 부분이 눈에 들어온다. 형광펜으로 표시해두고 이렇게 저렇게 재분류하다보면 자연스럽게 아이디어가 떠오른다.

특히 종이문서가 그렇다. 앞에서 손이 '밖으로 나와 있는 뇌'라는 말을 한 적이 있는데, 그래서 그런지도 모르겠다. 이유가 뭐가 됐든 종이문서가 도움이 된다면 적극 활용하는 것이 좋을 듯하다. '디지털화'라는 시대의 흐름과 물자 절약에는 다소 역행하더라도 급히 보고서를 작성해야 하는 경우 등에는 출력해서 활용하는 것도 필요할 것이다.

제2부에서 우리는 자료정리의 기본원칙에 대해 살펴보았다. 제3부의 장들에서는 좀 더 구체적인 자료정리 방법들에 대해 알아보게 될 것이다. 제2부에서 설명된 내용과 연결시키면서 '실전'에 적용해 보자.

정리의 스킬

업무능력을
향상시키는
다섯 가지
정리의 기술

첫 번째 기술 - 내 업무를 분석한다

☺ 시간이 없어서 못한다는 건 핑계다

제목만 봐도 '쿵쿵쿵' 심장을 뛰게 하는 책이 있다. 강헌구씨가 쓴 《가슴 뛰는 삶》이다. 지난 2008년 출판되자마자 베스트셀러가 되었다. 책에서 저자는 '내일은 너무 늦다'며 당장 시작하라고 말한다.

"소리치고, 불태우고, 파묻고, 날려버리고, 낯선 곳으로 옮겨가고, 먹는 것과 입는 것과 가는 곳을 바꾸고, 등록하고, 설치하고, 작동시키는 이 모든 것들이 아무리 황금 같은 내일을 가져다준다 할지라도 시작하지 않으면 아무런 의미가 없다. 내일이 아니라 오늘 시작하라. 순서는 아무래도 좋다. 내일은 너무 늦다."

사람들이 시작하지 못하는 이유로 가장 많이 들고 있는 것이 '바빠서', '여유가 없어서'이다. 지금은 어쩔 수 없는 상황이니까 다음에 하자고 한 켠에 치워둔다. 하지만, 그렇게 시간이 없다는 이유로 미루다가는 영영 시작도 못하고 만다. 사람들이 둘러대는 변명 중 가장 어리석고 못난 것은 '시간이 없어서'라는 변명이다.

직장인들은 출근하면 할 일이 많다. 회의에 수시로 참석해야 하고, 여기저기 전화를 걸어 업무협조를 구해야 하고, 결재서류도 작성해야 한다. '몸이 열 개라도 모자란다.'는 말이 딱 맞는다. 하지만, 우리는 바쁠 때 오히려 더 많은 것을 할 수 있다는 것을 알고 있고, 그런 경험도 갖고 있다. 시간이 많다고 꼭 일을 더 많이 하게 되는 것도 아니다. 주어진 시간을 최대한 효율적으로 사용하면 짧은 시간이라도 여러 가지 일을 할 수 있다.

눈코 뜰 새 없이 바빠서 화장실에 다녀올 시간조차 낼 수 없는 날도 간혹 있기는 하다. 하지만, 항상 이렇게 바쁜 건 아니다. 가슴에 손을 얹고 곰곰이 생각해보자. 정말로 그렇게 정신없이 바쁜 날들이 얼마나 될까? 보통의 경우는 차 한 잔 마시고, 동료들과 잡담을 나누고, 멍하니 앉아서 보내는, '자투리시간'이라고 할 수 있는 시간들이 하루 일과시간 중 얼마만큼씩은 있기 마련이다. 자료정리를 하려고 마음만 먹으면 이런 시간을 조금만 쪼개서 쓰면 된다. 그렇게 하지 못하는 건 우선순위의 문제이고, 의지의 문제이다. 시간이 없어서 못한다는 건 핑계일 뿐이다.

앞에서 우리는 자료정리에는 30분 정도의 시간이 적당하다고 얘기했다. (제2부 4장을 참고하라.) 하루에 이만큼의 시간을 내기 힘들다면 가능한 범위 내에서 최대한 시간을 내면 된다. 《5분 정리법》을 쓴 쓰보사카 다쓰야는 "매일 퇴근 전에 10분, 아니 5분이라도 좋으니 서류를 대충 체크해 정리하면 한 달 후에는 반 이하로 줄어들 것이다. 이렇게 겨우 5분을 이용하는 것만으로도 서류를 확실하게 정리할 수 있다."고 말한다. 5~10분간이라도 집중적으로 자료를 정리하면 상당한 효과를 거둘 수 있다. 미루고 아예 시작도 하지 않는 것보다 백 배 천 배 낫다.

☺ 자료분류 항목을 정하라

어떻게 하면 자료정리를 효과적으로 할 수 있을까 심각하게 고민한 적이 있다. 자료가 계속 쌓여서 더 이상 자료를 넣어둘 공간도 없을 때였다. 그 때까지는 체계적으로 자료를 분류·보관하는데 대해 관심이 적었고, 입수되는 자료는 단지 날짜별로 모아 월단위로 보관하고 있었다. 그러다보니 필요한 자료를 찾으려면 모든 자료를 일일이 들춰봐야 했고, 보관할 공간이 부족하다보니까

제3부 업무능력을 향상시키는 다섯 가지 정리의 기술

서랍에 보관된 자료 가운데 일정 기간의 자료를 통째로 빼내서 파기해야 하는 일이 반복되고는 했다.

이래 갖고는 '악순환'이 계속될 수밖에 없을 것이라는 생각이 들었다. 그래서 마음먹고 입수되는 자료에 대해 분석했다. 출근해서 퇴근할 때까지 총 몇 건의 자료가 입수되는지, 인터넷과 이메일 등 여러 자료입수 루트 가운데 어떤 루트가 가장 많이 활용되는지 등을 자세히 기록했다. 이런 작업을 한 주 동안 했더니 전반적인 자료 파악이 가능해졌다. 그 참에 정리 방식도 단순히 날짜순으로 하는 것이 아니라, 항목별로 나눠서 보관하는 방식으로 바꾸었다. 자료정리에 대한 부담이 확 줄어들었다.

대니얼 레비틴은 "가정용 파일시스템을 마련하는 것은 그저 폴더에 라벨만 떡하니 붙여놓으면 끝나는 일이 아니다. 먼저 계획을 세워야 한다. 조금 시간을 투자해서 당신이 철하려고 하는 문서들의 종류가 몇 가지나 되는지 생각해보라."고 말한다. 회사에서도 마찬가지다. 효과적으로 자료를 정리하려면 미리 내 업무를 분석하고 자료 분류항목을 정해두어야 한다.

그러면 자료분류 항목은 어떻게 정하면 될까? 쉬운 방법이 있다. 아무 것도 적혀있지 않은 백지를 앞에 놓고 차분히 내 업무를 적어보는 것이다. 굳이 업무매뉴얼 같은 것을 참고할 필요도 없다. 아니, 매뉴얼은 보지 않는 편이 더 낫다. 단지 머릿속에 떠오르는 대로 그냥 적기만 하면 된다. '글은 엉덩이로 쓰는 것'이라는 말도 있는데, 그런 생각으로 엉덩이를 의자에 붙이고 앉아 한 시간이고 두 시간이고 적다 보면 생각에 생각이 꼬리를 물고 떠오를 것이다.

종이가 너무 작으면 적기 불편해서 생각이 중단될 수 있으니까 A4 정도의 크기가 적당하다. 자유롭게 생각이 떠오르는 대로 적을 수 있어 편리하다. 종이의 한가운데에 '자료정리 카테고리' 등의 적당한 제목을 적고 생각나는 대로 주변의 빈 공간에 적는다. 가능하면 비슷한 것은 같은 방향에 적어두면 좋지만, 힘들면 꼭 그렇게 하지 않아도 된다. 우선 떠오르는 생각을 쭉쭉 적어놓는 게 중요하다. 그런 다음에는 적어놓은 것을 읽으면서 비슷한 것끼리 묶는다.

비슷한 것끼리 묶을 때는 일단 3~5개 정도의 큰 카테고리로 나누고, 그러고 나서 각각의 카테고리를 갖고 다시 세분화하는 작업을 한다. 이런 식으로 하면 다음 장에서 자세하게 설명될 '계층적 분류시스템'이 자연스럽게 만들어진다. 이렇게 만들어진 분류시스템이 처음에는 완벽하지 않을 수도 있다. 하지만, 다소 불완전하더라도 자료정리를 해나가는 과정에서 얼마든지 수정·보완이 가능하니까 신경 쓰지 않아도 된다. 힘들여 만든 분류체계라서 기

제3부 업무능력을 향상시키는 다섯 가지 정리의 기술

억에 잘 남아 있기 때문에 자료를 정리할 때마다 매번 파일목록을 꺼내볼 필요도 없다. 자료를 집어들면 바로 '어느 파일철에 넣으면 되겠다'는 생각이 떠오를 것이다.

⊙ '새 술은 새 부대에' 담자

새 술은 새 부대에 담으라는 말이 있다. 어떤 일을 시작할 때 기존에 하던 방식과 관행에 얽매이지 말고 새로운 방식으로 하라는 의미다. 인적 쇄신에 대해 얘기할 때 사용되기도 한다. 성경에도 "새 포도주를 낡은 가죽부대에 넣는 자가 없나니 만일 그렇게 하면 새 포도주가 부대를 터뜨려 포도주와 부대를 버리게 되리라. 오직 새 포도주는 새 부대에 넣느니라 하시니라."는 구절이 있다.

(마가복음 2장 22절)

전통주에 관심이 있어서 막걸리를 담가본 적이 있다. 막걸리 제조에 관해 설명되어 있는 책들을 구입해서 읽어보고, 인터넷에 올라와 있는 글도 참고해서 따라해 봤다. 찹쌀을 씻어서 고두밥을 짓고 누룩과 잘 섞은 다음 유리병에 넣고 입구를 광목천으로 잘 덮어놓는다. 그러고 나서 밤에 가만히 귀 기울여 들으면 술 익는 소리가 들린다. 발효가 되고 있는 것이다. 며칠 지나서 짜내고 - 발효된 것을 짜내고 남는 부분이 지게미다. 어려울 때 함께 고생한 부인이라는 '조강지처'라는 말 속의 '조강'이 바로 지게미다. 가난한 시절에 남편에게 막걸리를 만들어주고 남은 지게미를 부인이 밥 대신 먹었다. - 물을 넣어 희석시켜서 하루 이틀 더 숙성시키면 마시기 좋은 상태가 된다. 아스파탐이나 자일리톨로 단맛을 내면 시중에서 판매되는 막걸리와 차별화된 나만의 막걸리가 완성된다.

막걸리를 담글 때 유리병은 알코올로 잘 소독해 주어야 한다. 전통적인 막걸리 제조 과정에서는 유리병 대신 항아리를 썼다. 항아리 안에다가 짚을 넣어 태워서 소독을 했다. 전에 쓰던 것을 제대로 소독하지 않고 사용하면 발효가 되지 않고 부패가 되기 때문에 막걸리 제조에서 특히 신경 써야 할 부분이다. 이런 점에서 '새 술은 새 부대에'를 '새 막걸리는 새 항아리에'로 바꿔 표현해도 될 것 같다.

자료 정리를 시작하겠다고 결심을 하더라도 그동안 쌓인 자료부터 손을 대야 한다고 생각하면 엄두가 나지 않는다. 해도 해도 끝이 없는 작업이 될 것 같아 지레 포기한다. 시작을 했다가도 얼마 하지 못한 채 포기해 버리기 쉽다. '쌓아놓은 자료 중에서도 나중에 필요한 자료가 있을 텐데' 하는 생각에 내팽개쳐 놓을 수도 없다.

이럴 때는 '새 술은 새 부대에' 담는 과감한 태도가 필요하다.

'정리를 할 때는 모두 다 꺼내놓고 해야 한다.'고 말하는 사람도 있지만, 그래서는 좋을 결과를 기대하기 어렵다. 새 술을 새 부대에 담듯이, 우선은 쌓여있는 자료는 잊어버리고 새로운 자료에 신경을 써야 한다. 새로운 자료분류 방식에 맞춰 새로운 기분으로 시작해야 한다. 기존의 자료에 연연해서는 안 된다. 기존의 자료는 따로 치워놓고 새로 입수되는 자료부터 정리를 시작하자. '지금부터 입수되는 자료부터 한다.'고 생각하면 마음이 가볍다. '자료정리를 시작하지 않으면 어차피 기존의 자료도 정리하지 못한 채로 쌓여서 활용하지 못할 것'이라는 생각으로 하자. 조금 여유가 있다면 최근 1개월 정도의 자료부터 정리하는 것도 괜찮을 것이다.

그렇다고 기존 자료를 무조건 버려서는 안 된다. 필요한 일이 생길 수 있으니까 따로 보관해 두자. 이렇게 하는 편이 마음도 편하다. 언제든 필요하면 꺼내 쓸 수 있다는 생각에 부담도 줄어든다. 우선은 캐비닛의 한 쪽 구석에 임시로 보관해 놓고, 일정 기간 동안 사용하지 않으면 버리면 된다. 안심이 되지 않으면 기간을 좀 더 길게 잡는다.

두 번째 기술 – 분류한다

☺ 중요 부분에 표시를 하자

앞에서도 몇 번이나 강조했듯 자료를 보관하는 이유는 필요할 때 잘 활용하기 위한 것이다. 그렇기 때문에 나중에 자료에서 필요한 부분을 바로 찾을 수 있도록 '확실한 장치'를 마련해 두어야 한다. 만약에 급하게 결재서류를 작성해야 하는데 필요한 부분을 찾기 위해 해당 파일철이나 컴퓨터 폴더에 있는 자료를 모두 읽어봐야 한다면 얼마나 많은 시간이 소요될 것인가? 그런 일이 발생하지 않도록 애초에 자료를 읽고 분류하는 단계에서 표시를 해 두어야 한다. 자료에 표시를 해가면서 읽으면 기억에 잘 남고, 읽은 자료인지 여부도 자연스럽게 확인할 수 있으니까 이중, 삼중의 효과가 있는 셈이다.

자료에 표시를 할 때는 보통 볼펜으로 밑줄을 긋는 방법을 사용하는데, 단순히 이렇게만 해도 소기의 목적을 충분히 달성할 수 있다. 하지만, 형광펜을 사용하면 눈에 확 들어오니까 훨씬 더 편리하다. 자료를 읽을 때 습관적으로 읽는 부분에 모두 표시를 해두는 사람도 있는데, 그렇게 하면 자료내용을 파악할 당시에는 도움이 되겠지만, 나중에 필요한 부분을 찾는 것은 힘들어질 수 있다. 따라서 '미래에 활용하는' 측면에서 참고할 부분에만 표시를 해두는 습관을 갖는 것이 바람직하다.

형광펜에는 노랑, 빨강, 파랑 등 다양한 색상이 있어서 취향대로 골라서 사용하면 된다. 필자는 노랑의 단색만을 사용하고 있지만, 중요도 등에 따라 몇 가지 색깔의 형광펜을 섞어서 쓰는 것을 고려해 봐도 좋을 것이다.

포스트잇을 사용하는 것도 유용한 방법이다. 일본의 와세다학원 창립자인 아이카와 히데키는 "포스트잇을 붙이면 우선 포스트잇의 존재가 가장 먼저 눈에 들어오게 된다. 이 효과는 여타의 색깔펜이나 형광펜보다 강하다."고 말한다. 시중에는 다양한 종류의 포스트잇이 판매되고 있다. '책갈피' 기능을 할 수 있

〈 다양한 포스트잇 제품 〉

도록 자료의 왼쪽이나 오른쪽에 붙여둘 수 있는 포스트잇도 있고, 메모를 할 수 있게 되어 있는 포스트잇도 있다. 투명 용지와 불투

명 용지로도 제작되어 있고, 크기도 다양해서 선택의 폭이 넓다. 필요한 부분에 포스트잇만 붙여도 되지만, 형광펜과 함께 사용하면 효과가 배가된다.

자료를 읽다가 떠오르는 생각이나 참고할 사항들을 자료의 여백에 적어두는 것도 도움이 된다. 독서법에서는 책을 읽다가 생각나는 것을 빈 공간에 적는 방법이 권장되고 있는데 이것과 똑같다. 책에 무언가를 적는 것을 꺼리는 사람도 있지만, 자료는 단순히 업무에 활용하기 위한 목적이니까 부담 없이 적도록 하자.

자료의 필요한 부분에 표시를 하지 않고, 그 부분만을 떼어내서 타이핑하거나 복사해서 파일철이나 컴퓨터 폴더에 보관하는 것도 활용 가능한 방법이다. 아이디어 등에 참고가 될 만한 부분만 따로 저장하는 것이다. 이 방법은 특히 한 자료에 여러 내용이 들어 있을 때 효과적인 방법이 될 수 있다.

☺ 분류항목을 적자

자료를 적재적소에 활용하기 위해서는 무엇보다도 카테고리별로 잘 분류하는 작업이 필요하다. 분류항목이 체계적으로 되어 있지 않으면 나중에 자료가 필요해서 찾을 때 애를 먹고 시간도 오래 걸린다. 아예 찾지 못하게 될 수도 있다. 따라서 분류항목을 정할 때 신중을 기해야 한다. 새로운 항목을 추가할 때도 마찬가지다. (분류 요령에 대해서는 제2부 2장을 참고하라.)

자료를 읽을 때는 이렇게 신중하게 정해놓은 분류항목을 자료 위에 적어둔다. 분류항목을 자료에 적어놓으면 나중에 이 분류항목별로 분류하기만 하면 되니까 편리하다. 미국의 인력개발 전문가이자 기업전문 강사인 존 콘트도 "문서가 생겼다면 그 문서를 넣어둘 파일명을 문서 윗부분에 적어놓는다. 이렇게 하면 나중에 다시 읽어볼 필요 없이 파일을 정리할 때 곧바로 해당 파일에 넣을 수 있다."며 똑같은 방법을 권한다. 자료 안에 여러 내용이 들어있을 경우에는 일단 해당하는 분류항목들을 모두 적어 놓는다. (바로 뒤에 이어지는 '여러 내용이 들어있으면 잘게 쪼개라'를 참고하라.)

분류항목을 적는 위치에 대해 정해진 규칙은 없다. 각자 편한대로 일정한 위치에 통일성 있게 적으면 된다. 오른쪽 위 귀퉁이에 적어놓으면 자료를 넘길 때 윗부분만 넘겨도 바로 확인이 가능한 이점이 있다.

전자문서의 경우에는 분류항목을 제목에 포함시켜 놓는다. 그러면 한눈에 어떤 자료인지 알 수 있어서 관리하기 쉽다. 파일 제목을 만든 뒤 분류항목이 제대로 되어 있는지 확인한 후에 해당 폴더에 넣으면 된다. (컴퓨터 파일 제목에 대해서는 다음 장을 참고하라.)

분류항목은 자료를 읽을 때마다 바로바로 적는 것이 좋다. 분류항목을 적어놓지 않으면 자료를 분류할 때 다시 읽어봐야 하기 때문에 이중작업이 된다. 자료를 여러 번 읽어서 외울 생각이 아니라면 이렇게 이중작업을 하느라 시간을 들일 필요는 없을 것이다. 미국의 유명한 정리전문가 레지나 리드도 《직장생활 정리플래너》에서 "절대 '다음에 결정해야지' 하면서 내려놓지 마라. 당신도 모르는 새 정체 모를 서류 무더기가 또 생기는 셈이다."고 말하고 있다.

☺ 여러 내용이 들어있으면 잘게 쪼개라

자료를 분류하다 보면 하나의 자료 속에 2개 이상의 다른 내용이 들어있어서 어떻게 해야 할지 고민스러운 경우가 생긴다. 똑같은 자료지만 여러 용도로 활용할 수 있는 경우도 있다. 이럴 때는 다소 번거롭더라도 자료를 최대한 활용하는 차원에서 앞에서 말한 것처럼 분류항목을 일단 모두 적어놓고 나서, 다음과 같은 방식으로 각각의 내용을 해당 파일철에 보관해두는 것이 좋다.

첫째, 그리 길지 않은 자료라면 통째로 필요한 개수만큼 복사한 뒤 분류항목에 동그라미 표시를 해서 해당하는 파일철들에 보관한다. 해당 파일철과 관련이 있는 부분은 형광펜으로 표시하거나 색깔 있는 펜으로 밑줄을 그어두면 나중에 이용할 때 편리하다.

둘째, 긴 자료의 경우에는 원 자료는 가장 내용이 많은 파일철에 저장하고, 자료에 들어있는 다른 내용들은 복사하거나 타이핑해서 해당 파일철에 넣는다.

셋째, 원 자료는 특정 파일철에 보관하고, 원 자료의 제목과 입수·생산 날짜를 '○○○ 파일철에 관련내용 있음'이라는 메모와 함께 간단히 적어서 각 해당 파일철에 넣어둔다.

종합자료나 기획보고서와 같은 포괄적이고 전반적인 내용이 담긴 자료는 '참고파일철' 등의 제목으로 파일철을 만들어서 별도로 관리하는 것도 필요하다. 이런 자료는 보관해 두면 나중에 관련보고서를 작성한다든지 프레젠테이션 자료 등을 준비할 때 큰 흐름을 파악하는 용도 등으로 요긴하게 사용할 수 있다.

그러면, 자료의 한 형태인 '책자'는 어떻게 관리·분류하는 것이 좋을까? 책은 두꺼운 만큼 다양한 내용이 들어 있다. 하지만, 나중에 참고하자는 생각으로 그냥 책장에 꽂아두었다가는 공간만 차지하고 먼지를 뒤집어쓰기 십상이다. 필자가 근무했던 한 사무실에는 수십 년이 된 '골동품' 책들도 책장에 꽂혀 있었지만, 꺼내볼 일은 단 한 번도 없었다. 책을 활용할 생각이 있다면 번거롭더라도 서문과 목차를 꼼꼼히 읽고 본문을 훑어보고 나서, 업무에 활용할만한 내용이 있으면 'ooo 책에 참고할 내용 있음' 정도로 간단히 메모를 해서 해당 파일철·폴더에 넣어두도록 하자. 사내 도서관이나 다른 사무실 등에서 책을 보관해두고 있는 경우라면 책을 '분해'해서 필요한 부분만 해당 파일철에 넣어두는 것도 고려해 볼 수 있을 것이다.

⊙ 계층적 분류 방식이 편하다

파일철을 관리하는 방법은 다양하다. 단순히 알파벳이나 가나다순으로 할 수도 있고, 날짜순으로 할 수도 있고, 계층적으로 할 수도 있다. 이러한 방식들 가운데 계층적 분류방식이 주로 많이 사용된다.

계층적 분류는 말 그대로 계층별로 파일철을 만들어 관리하는 방식인데, 물건을 수납할 때처럼 큰 틀을 만들고 그 안에 작은 틀을 만들어 정리하는 것이다. 많은 정리전문가들이 계층적 방식을 추천하고 있다.

파일을 대항목-중항목-소항목 등 3개의 계층적 구조로 관리하는 시스템이 일반적인데, 하나의 대항목 아래 몇 개의 중항목을 두고, 중항목 밑에는 또 하위항목인 소항목을 두는 방식이다. 하지만 반드시 이러한 기준에 구애받을 필요는 없고 업무에 따라 자유롭게 늘리거나 줄여서 사용하면 된다. 각 계층별 파일 개수도 각자 편리한대로 정하면 되는데, 너무 많으면 복잡하니까 관리 가능한 수준으로 하는 것이 좋다.

이를 그림으로 표현하면 다음과 같다.

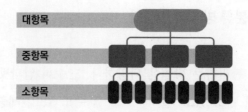

대항목
중항목
소항목

　자료를 분류하다 보면 딱 맞는 항목이 없거나, 새로운 항목이
생기는 등 여러 이유로 인해 분류항목이 늘어나기 쉽다. 하지만,
이렇게 해서 분류항목이 세분화되면 관리하기가 힘들다. 항목을
기억하는 것도 힘들고, 분류해서 넣는 것도 힘들고, 꺼내는 것도
힘들어진다. 그래서 지나친 세분화는 피해야 한다.

　특히 새로운 사안이 생길 경우에는 '일단 만들어놓자'는 생각을
하기 쉬운데, 사안이 생길 때마다 한 두 장밖에 안 되는 자료로 파
일철을 만들면 파일철이 걷잡을 수 없이 많아지게 되어 관리하기
힘들게 된다. 따라서 반드시 필요한 경우가 아니라면 새로운 사안
이 생긴다고 무턱대고 파일철을 만들 것이 아니라, 제2부 2장에
서 설명한 '미분류 파일철'에 넣어서 한동안 보관하다가 관련자료
가 어느 정도 모인 후에 새로운 파일철을 만들면 좋을 것이다.

　직장생활을 하다보면 휴가·교육과 같은 행정업무나 동료·후배
와의 점심약속 등 개인적 사안도 많이 발생한다. 하지만, 바쁜 업
무로 인해 관리하지 않고 지내다가는 잊어버리기 쉽다. 이러한 사

안도 '개인·행정 자료철'과 같은 명칭으로 별도 파일철을 만들어서 한 데 모아 관리하면 효과적이다.

⊙ 숙성기간을 두자

결재문서나 보고서를 작성하다보면 일사천리로 쭉쭉 잘 써지는 경우도 있지만, 잘 풀리지 않아서 고생스러운 경우도 있다. 이럴 때는 커피를 한 잔 마신다든지, 옥상에 올라가 바람을 쐬고 내려온다든지 하고 나서 작성하던 문서를 들여다보면 의외로 새로운 아이디어가 생겨서 쉽게 해결되기도 한다.

책을 쓸 때도 마찬가지다. 딱 막혀서 한 줄도 진척시킬 수 없는 때가 있는데, 이럴 때 가벼운 산책 같은 '딴 짓'을 하고나면 언제 그랬냐는 듯이 생각이 잘 나는 경우가 많다. 밤새 원고를 뜯어고쳐도 마음에 들지 않다가도 한잠 자고 일어나면 신기하게 잘 고쳐지기도 한다.

이처럼 잠깐의 휴식이 업무와 글쓰기에 도움이 되는 것은, 이로 인해 기분이 전환된 측면도 있지만, 잠깐 공백을 둔 시간이 '숙성기'로 작용해서 긍정적 영향을 미쳤기 때문이기도 하다. 발효음식은 숙성시켜야 제 맛이 나듯이, 업무와 글쓰기도 '숙성기'를 거쳐야 한 수준 높은 단계로 올라갈 수 있다.

자료정리도 '숙성기'가 필요할 때가 있다. 자료를 버려야 할지 보관해야 할지, 어떤 카테고리로 분류해야 할지 결정하기 힘든 때가 그런 경우다. 이 책의 제2부의 1장과 2장에서 '임시보관 파일철(폴더)'과 '미분류 파일철(폴더)'에 관해 설명했는데, 바로 이와 관련된 문제다. 제2부에서 설명한 두 개의 파일철은 다음과 같다.

임시보관 파일철(폴더)	자료를 버려야 할지 보관해야 할지 망설여지는 경우 → 일정 기간 보관 후 폐기 여부를 결정
미분류 파일철(폴더)	아무리 고민해도 자료를 분류할 적당한 항목이 생각나지 않을 경우 → 서랍 맨 앞에 두고, 일정 기간이 지난 후에 분류

이 두 가지 파일철의 핵심은 시간을 갖고 생각해보는 것, 즉 '숙성기'를 갖는 것이다. 당장 판단이 힘든 경우 무리해서 결정을 내리려고 하기 보다는 시간을 갖고 기다리는 것이다. 시간이 지나면 불필요한 자료가 눈에 띄기도 하고, 분류하기 위해 자료를 넘기다 보면 아이디어가 떠오르기도 한다. 당장 필요하지 않을 것 같아도 일정기간이 지나서 다른 자료들과 엮어보면 도움이 되는 경우도 많다. 그렇게 해보자는 것이다. 별도의 파일철을 만들어서 판단을 일시 보류해두면 자연스럽게 고민에 대한 해결책이 마련될 수도

제3부 업무능력을 향상시키는 다섯 가지 정리의 기술

있다.

이참에 '미분류 파일철'에 대해 좀 더 알아보자. 이 책에서는 '미분류 파일철'이라고 표현하고 있지만, 정리에 관한 책들에서는 '미처리 파일' 등 다양한 용어를 사용하고 있다. 하지만 취지는 똑같다. 분류하지 못한 자료들을 보관했다가 나중에 활용할 수 있는 기회를 만들자는 것이다. 파일철 분류시스템의 중항목, 소항목별로 별도의 미분류 파일철을 만들어 적극 활용할 것을 제안하는 사람도 있다.

제2부 3장에서 살펴본 3단 트레이도 '숙성기'를 갖는 것과 관련이 있다. 3단 트레이의 가운데 칸을 '자료를 읽고 나서 분류에 앞서 일시 보관'하는 용도로 활용할 것을 제안했는데, 이렇게 일시 보관되고 있는 동안 자료는 숙성을 하게 된다. 그래서 자료를 최종 분류하는 과정에서 다른 분류항목으로 재조정되기도 하고, 좋은 아이디어가 떠오르기도 한다.

자료는 인터넷, 메일 등 다양한 루트를 통해 내 손에 들어온다. 이들 자료 중에는 업무와 전혀 무관한 것도 있겠지만, 반대로 나와 '인연이 닿는' 정말로 중요한 것도 있을 것이다. 그래서 단 하나라도 소홀히 하지 말고 일일이 꼼꼼하게 체크해서 누락되지 않도록 해야 한다. 꺼진 불도 다시 보듯, 쓸모없을 것 같은 자료도 다시 봐야 한다. '임시보관 파일철'과 '미분류 파일철', 그리고 트레이의 가운데 칸을 적절히 이용한다면 '숙성' 과정을 통해 자료를 크로스체크하고 활용하는 데 많은 도움이 될 것이다.

⊙ 메모도 자료다

업무를 하다보면 메모할 일이 많다. 회의를 할 때 중요한 내용을 적어두는 것부터 시작해서, 프레젠테이션·강연 내용을 적고, 지시사항을 잊어버리지 않도록 챙겨놓고, 머릿속에서 떠오르는 업무 아이디어를 기록해 두어야 한다. 전화통화를 통해 협의한 업무 관련사항과 사무실 행사 일정 등을 적어두기도 해야 한다. 이렇듯 메모는 업무에서 상당히 큰 비중을 차지한다. 비망록에 적기도 하지만, 급할 때는 복사용지에 적기도 하고, 회의장에서는 배포된 회의자료 위에 직접 적기도 한다.

이렇게 적어놓은 메모에는 중요한 내용이 많이 담겨있다. 당장 실행에 옮겨야 할 사항도 있고 업무에 반영해야 할 사항도 있다. 보고서에 활용해야 할 내용도 있다. 하지만, 메모가 여기저기 흩어져 있어서 자칫 잘못하면 분실하거나 잊어버리기 쉽다. 메모가 흩어져 있으면 관리가 되지 않는다. 비망록 같은 곳에 적어둔다고 해도 다양한 내용이 담겨있어서 신경을 쓰지 않으면 '없는 거나 마찬가지'가 된다.

이처럼 흩어져 있는 메모를 관리할 수 있는 효과적인 방법이 있다. 메모 하나하나를 자료로 간주해서 정리하는 것이다. 이렇게 원칙을 정해놓으면 그 다음부터는 막힐 것이 없다. 자료정리 방식을 원용해서 그대로 적용하기만 하면 된다. 오른쪽 위에 분류항목을 적어서 트레이의 가운데 칸에 넣어두었다가 분류작업을 해서 파일철에 보관하면 되고, 하나의 메모 안에 여러 가지 내용이 포함되어 있는 경우라면 복사를 하거나 타이핑을 해서 '쪼개면' 된다. 메모를 적은 용지의 크기가 작다면 A4 용지에 붙이고, 노트북에 메모해 놓은 경우라면 통일된 양식에 맞게 제목을 달아서 해당 폴더에 저장해 놓으면 된다.

요즈음은 노트북이나 스마트폰의 메모앱을 사용해서 메모를 하는 경우가 많은데, '꿈이 이루어지고 인생이 바뀌는 90일 기록의 힘'이라는 부제가 달린 《하루 30분, 날마다 기적》이라는 책에는 손으로 기록하는 효과에 대한 자세한 설명이 되어 있다. 손으로 쓰는 행위는 기억과 사고력 향상에 도움이 된다고 한다. 디지털 시대지만 손으로 메모를 하는 문제도 '진지하게' 생각해봐야 하는 이유다.

"손으로 기록하는 동안 (기억력과 사고력을 관장하는) 전두엽이 활성화되어 꿈을 달성할 수 있는 창의적인 아이디어가 떠오를 수도 있다. 또한 어려움에 처했을 때 헤쳐 나갈 수 있는 동력을 얻을 수도 있다. 쓰는 동안 에너지를 불어넣고 우리의 마음을 싣기 때문이다 … 반복적으로 자판을 두드려 타이핑하면 학습으로 몸이 기억할 수는 있지만 사고력의 확장으로 이어지지는 않는다고 한다."

손으로 글씨를 쓸 때는 보통 검은색 볼펜을 많이 사용한다. 필자는 수년 전에 파란색이 '진정효과'가 있다는 얘기를 들은 이후부터 파란펜을 주로 이용하고 있다. 얘기를 듣자마자 바로 시작했으니까 벌써 5년이나 되었다. 차분한 느낌을 주는 효과 외에도 시각적으로 보기 좋다는 점을 자신 있게 얘기할 수 있다.

파란펜과 함께 연필도 병행해서 사용 - 특히 보고서를 쓰거나 검토할 때 - 하고 있는데, 잘못 쓰면 지우개로 지우고 다시 쓰면 되니까 편하기는 해도 쓰다보면 금방 연필심이 뭉툭해져서 자주 깎아줘야 한다. 번거로운 일일 수 있지만, 연필깎이에 넣고 손잡이를 돌리다보면 아주 잠깐 동안이기는 해도 어지럽던 생각이 정리되는 기회가 되기도 한다. 긴 연필이 점점 몽당연필이 되어가는 것을 보는 재미도 있다. 더 이상 연필깎이에 들어가지 않을 정도의 크기가 된 연필들을 책장 선반에 쭉 정렬해놓은 적도 있는데, 늘어선 연필을 볼 때마다 '열심히 일했구나' 하는 생각에 뿌듯해지기도 했다.

⊙ '작지만 유용한 기술'도 알아두자

클립은 자료를 분류하는 데 유용한 도구다. 정확한 명칭은 '실버 클립'이다. (집게는 '더블 클립'이라고 부른다.) 무척 작고 간단하지만, '자료분류의 친구'라고도 할 수 있을 정도로 매우 쓰임새가 많고 강력한 힘을 가진, 엄연한 도구다. 클립이 있으면 자료 분류를 하는 데 아무런 불편이 없다. 자료를 항목별로 나눠놓은 다음에 클립을 이용해서 집어놓기만 하면 된다. 한 데 모아놓은 자료가 흐트러질 염려가 없고, 가지런해져서 보기 좋고, 관리하기에도 편하다. 클립으로 묶어놓은 그 자체가 업무 소재가 되어주기도 하다.

김춘수 시인은 '꽃'에서 『내가 그의 이름을 불러주기 전에는 / 그는 다만 하나의 몸짓에 지나지 않았다 / 내가 그의 이름을 불러주었을 때 / 그는 나에게로 와서 꽃이 되었다』고 말한다. 클립을 꽂는 것은 자료의 이름을 불러주는 행위다. 클립으로 집는 순간 자료는 의미 있는 존재로 우리에게 다가온다.

클립은 간단한 구조와 저렴한 가격, 끼우기만 하면 되는 사용상의 편리성 등을 감안할 때 '최고의 분류 도구'라고 불러도 전혀 손색이 없다. 하지만, 몇 가지 불편한 점으로 인해 클립 사용을 꺼리는 사람들도 있다. 빠지기 쉽고, 다른 서류와 겹쳐 놓았을 때 종이가 훼손되거나, 서로 걸리는 경우가 많은 점 등을 들어 클립에 대한 비호감을 직접적으로 표시한다. 클립으로 집는 부분이 두툼해지는 것도 클립의 단점 중 하나다.

클립이 갖고 있는 단점들은 다음과 같은 방법으로 완화시킬 수 있다. 클립으로 집기 힘들 정도로 두툼해서 자료가 빠지는 경우에는 집게('더블 클립')를 사용하면 된다. 집는 부분이 불룩해지는 문제는 위치를 조금씩 바꿔가며 집어주면 어느 정도 해결이 가능하다. 다른 서류와 겹쳐졌을 때 서로 걸리는 것은 주로 파일철에 넣어 보관할 때 발생하는 문제니까, 클립은 분류작업을 진행하는 동안이나 3단 트레이에 올려놓는 경우에 사용하고, 파일철에 자료를 넣을 때는 클립을 빼거나 클리어파일로 옮기면 된다.

요즘 판매되는 클립은 종류도 다양하다. 철사 재질의 전통적인 클립뿐 아니라 플라스틱 재질로 제작된 제품도 판매되고 있고, 색상도 빨강, 파랑, 노랑 등으로 다채롭다. 이러한 클립의 다양성을 중요도 구분 등의 용도로 활용해보는 것도 괜찮을 것 같다. 실버의 단일색상만 고집하는 것보다는 여러 색깔을 섞어서 사용하면

제3부 업무능력을 향상시키는 다섯 가지 정리의 기술

시각적으로 보기 좋고 기분도 상쾌해진다.

클립을 꽂을 때는 사진과 같이 네 가지 방법이 가능하다. 한 가지 방법을 정해서 사용하면 통일성 있는 느낌을 줄 수 있는 장점이 있다. 필자는 왼쪽 위의 방법을 사용하고 있다.

〈 클립을 꽂는 네 가지 방법 〉

종이문서를 분류하는 작업은 보통 책상 위에서 하게 되는데, 자료를 항목별로 펼쳐놓다 보면 자료를 둘 공간이 부족해서 불편하다. 그래서 어떤 직원은 다른 사람들이 없는 주말에 출근해서 회의테이블에 자료를 올려놓고 분류작업을 하기도 한다. 단순히 '공간'의 문제라면 이렇게까지 할 필요는 없다. 넓은 공간이 당연히 편하지만, 좁은 책상에서도 자료분류는 가능하다. 자료를 책상의 왼쪽과 오른쪽, 위쪽에 제목만 보이도록 쭉 포개서 올려놓으면 된다. 이런 방식으로 하면 20개 항목 정도의 자료를 한 번에 분류하는 것도 가능하다.

자료 분류 작업을 하다보면 손가락이 건조해져서 자료를 넘기기 힘들고 잘 집혀지지 않는데, 이럴 때는 침을 묻히지 말고 물티슈를 이용하자. 티슈를 몇 번 반으로 접어서 조그만 크기로 만들어놓고 손가락으로 만지면 물기가 촉촉해져서 자료를 넘기기 쉽다.

세 번째 기술 - '두 마리 토끼'를 둘 다 잡는다

⊙ 디지털 정리가 우선이다

이 책의 맨 앞에서 살펴본 것처럼 자료는 크게 디지털 자료와
아날로그 자료로 나뉜다. 동영상이나 음악·사진 파일, 이메일, 인
터넷상의 글 등이 디지털 자료이고, 종이서류·책자와 같은 것들
이 아날로그 자료다. 이 책에서는 문서 형태의 자료를 대상으로
하고 있는 만큼, '디지털 정리'라고 하면 컴퓨터에 보관되는 전자
문서 정리를 가리키는 것으로 이해하면 된다.

컴퓨터로 자료를 정리하면 편리한 점이 많다. 검색 기능이 잘
되어 있어서 보관해둔 자료를 쉽게 찾을 수 있다. 필요한 만큼 저
장 공간을 확장할 수 있기 때문에 보관장소의 제약을 받지 않는
다. 자료가 책상 위에 산더미처럼 쌓여서 주변을 어지럽힐 염려도
없다. 이러한 자료정리의 여러 이점으로 인해 디지털 자료의 중요
성이 점차 부각되고 있다. '서류 없는 사무실을' 추구해 나가고 있

는 추세인 점을 고려할 때 더더욱 그렇다.

업무효율화와 생산성 향상을 위해 개인책상을 없애고 공용책상 제도를 도입하는 회사도 있는데, 개인책상이 없어지면 문서자료를 보관할 수 있는 파일서랍 이용이 불가능하기 때문에 디지털 자료에 중점을 둘 수밖에 없다. 이렇게 공용책상으로 바꿀 정도의 회사라면 사내 디지털 자료관리 시스템이 운영되고 있을 테지만, 회사 차원의 자료관리 시스템에 완전히 '올인'할 수도 없는 만큼 개인적인 자료정리를 병행하는 것도 필요하다. 자료를 USB 메모리와 같은 개인용 이동저장장치나 외부 클라우드에 보관해놓고 필요할 때마다 꺼내 써야 한다.

디지털 자료정리는 보통 컴퓨터의 문서 항목에 들어가서 하게 되는데, 검색과 저장이 편리한 대신 몇 가지 주의해야 할 사항이 있다. 자유에 책임이 따르는 것과 마찬가지다.

먼저, 디지털 자료정리를 하다보면 보관공간에 제약을 받지 않으니까 필요 없는 자료를 버리는 데 신경을 쓰지 않게 된다. 컴퓨터는 '무제한'이라고 할 만큼 저장공간을 늘릴 수 있지만, 그렇다고 무작정 자료를 모아놓기만 하는 건 무의미하다. 자료가 많이 쌓이다보면 혼란스럽다. 컴퓨터에 불필요한 자료들이 가득 차 있는 상황에서는 검색어만 갖고는 필요한 자료를 못 찾는 경우도 발생한다. 따라서 검색 기능을 맹신하지 말고 컴퓨터 파일을 수시로 정리하고 불필요해진 파일은 '휴지통'에 버려야 한다. 정 버리기 아깝다면 컴퓨터 저장공간의 이점을 살려서 '오래된 자료 폴더'와 같은 이름의 폴더를 따로 만들어서 보관해두어도 괜찮을 것이다.

컴퓨터 파일에 제목을 달 때, 즉 파일명을 정할 때에는 일정한 규칙을 만들어서 통일성을 유지해야 한다. 앞장에서 말한 것처럼 파일명만 보더라도 내용을 알 수 있을 정도로 제목(파일명)을 신경 써서 달아두는 것이 좋다. 파일명에는 날짜와 분류항목, 자료 내용중 핵심사항이 포함되도록 하면 된다. 이런 식으로 하면 앞 페이지의 공용책상과 관련된 파일 제목은 '(200112)제3부-2장-공용책상' 정도가 될 것이다.

인터넷에서 찾거나 이메일로 받은 자료 등을 그대로 컴퓨터에 옮겨놓으면 나중에 무엇 때문에 보관했는지 알기 힘든 경우도 있으니까, 형광펜 기능 등을 활용해서 참고할 부분에 표시를 해두는 것도 필요하다.

디지털 자료정리에서 가장 중요한 것이 있다. 그것은 반드시 백업을 해두라는 것이다. 디지털 자료는 아날로그 자료(종이문서)와 달리 컴퓨터 시스템 오류나 저장장치의 불안정성 등으로 인해 지워질 가능성이 있다는 점을 항상 염두에 두어야 한다. 백업을 해두

　　　　　　　제3부 업무능력을 향상시키는 다섯 가지 정리의 기술

지 않았는데 보관해 놓은 자료가 모두 '날아가' 버리는 상황을 상상해보라. 얼마나 끔찍한 일일 것인가! USB나 외장하드 등을 이용해서 이중, 삼중으로 백업을 해두고, 만일의 경우에 대비한 '안전장치'로서 클라우드 같은 데에도 저장해 두면 좋을 것이다.

에버노트에 대해서도 잠깐 언급하고 넘어가자. 에버노트는 개인적인 디지털 자료정리를 위한 유용한 도구 중 하나다. '메모앱의 최강자'라고도 불린다. 《노는 만큼 성공한다》, 《남자의 물건》 등을 쓴 김정운 교수는 에버노트에 수십 만 개의 자료를 보관해 놓고 저작활동을 위한 기반으로 활용하고 있다. 고령의 나이에도 여전히 활발한 활동을 하고 있는 이어령 교수도 에버노트를 자료 관리에 적극 이용한다. 필자도 《오후반 책쓰기》에서 에버노트의 유용성에 대해 언급한 바 있다. 원노트와 함께 묶어 설명했는데, 이중 에버노트와 관련된 부분만 정리해보면 다음과 같다.

⊙ "디지털 자료를 보관하는 데 가장 좋은 방법은 에버노트를 이용하는 것이다. 이를 '두 번째 두뇌'라고까지 격찬하는 사람들도 있다."

⊙ "에버노트는 문서뿐 아니라 사진, 소리, 동영상 자료 등도 넣을 수 있는 프로그램이다. 프로그램을 설치한 후 이곳에 자료를 존안하면 된다. 자료를 넣거나 생성하는 순간 바로 자동으로 저장이 되기 때문에

따로 저장할 필요가 없어 편리하다."

⊙ "에버노트에서 생성할 수 있는 최소 단위는 '노트'이다. 컴퓨터의 파일과 같다고 생각하면 된다. 노트를 여러 개 묶은 것은 노트북, 노트북을 여러 개 합친 것은 스택이라고 부른다."

⊙ "스마트폰과 연동이 되기 때문에 컴퓨터와 스마트폰 어느 한 쪽에서 자료를 넣거나 생성하면 다른 쪽에서도 똑같은 내용을 볼 수 있다."

국내 최고의 에버노트 전문가인 홍순성씨는《에버노트 사용설명서 2nd Edition》등 여러 권의 에버노트 관련 책을 집필했는데, 이해하기 쉽게 잘 설명되어 있다. 읽어보면 에버노트를 효율적으로 사용할 수 있는 다양한 팁을 얻을 수 있을 것이다.

⊙ 종이자료 정리도 병행하자

　필자가 신입사원이었던 1990년대 초만 해도 신문에서 업무와 관련된 기사를 찾아서 스크랩하는 것이 일상적인 일이었다. 지금처럼 인터넷이 되는 것도 아니고, 컴퓨터도 개발초기였기 때문에 널리 사용되기 전이었다. 문서작성도 손글씨로 쓰거나 타자기를 이용해야 했다.

　지금은 디지털 시대가 되어서 컴퓨터는 말할 것도 없고 프린터와 복사기, 스캐너 같은 사무용 기기들이 일반화되면서 신문기사를 오려서 스크랩하거나 타자기로 문서를 작성하는 일은 찾아보기 힘든 옛날 일이 되었다. 웬만한 사안은 전자결재로 처리하고, 이메일로 연락을 주고 받는다.

　하지만, 지금도 종이문서는 직장인들의 업무에서 여전히 중요한 부분을 차지한다. 종이를 쓸 일이 거의 없는 사무실도 있지만, 직장인들 중에는 여전히 서류를 기반으로 일하는 경우가 많다. 과학기술 발전과 함께 디지털 자료의 비중이 점차 커지게 되겠지만, 디지털과 아날로그의 공존은 앞으로도 오랜 기간 지속될 것이다. 종이서류 사용에 대한 전문가들의 견해는 이러한 예측을 뒷받침해준다.

⊙ "컴퓨터의 시대가 도래하면서, 종이는 역사의 뒤안길로 서서히 사라질 것이라 생각했던 때가 있었다. 웃기는 소리다. 오히려 종이 사용량만 잔뜩 늘려놓았다." (캐슬린 켄달 택케트 - 미국 보건심리학자)

⊙ "종이자료나 서류들이 오히려 해가 갈수록 점점 더 늘어나면 늘어났지 줄어들 기미는 보이지 않는 것 같다." (사이토 다카시 - 일본 메이지대학 교수)

⊙ "전자적 정보관리는 앞으로도 지속될 것이지만 사무실에서 서류의 양을 줄이지는 못했다. 사무직 노동자들은 해마다 평균적으로 무려 1만장의 복사용지를 쓴다. 오늘날의 전자화된 세계에서도 문서관리는 여전히 중요하며, 사실 필수적이다." (카슨 테이트 - 미국의 업무생산성 분야 전문가)

⊙ "종이 사용량은 1980년 이후 50% 증가했다. 오늘날 미국에서만 한 해에 7,000만톤의 종이를 사용한다. 이것은 한 사람당 211kg, 혹은 1만 2,000장의 종이에 해당하는 양이다." (대니얼 레비틴 - 미국의 신경과학자·인지심리학자)

모든 서류를 데이터화해서 보관해야 한다고 주장하는 사람들도 있다. 실제로 일본의 정리 컨설턴트인 곤도 마리에는 업무와 관련된 자료를 정리할 때 에버노트와 같은 앱을 사용해서 종이로는 전혀 남기지 않는다고 한다. 업무에 따라서는 이렇게 종이서류를 보관하지 않아도 되는 경우도 있다. 그렇지만, '디지털과 아날로그의 공존'이 불가피한 상황에서 억지로 모든 것을 디지털화해서 관리할 필요는 없다. 아니, 종이자료 정리도 반드시 필요하다. 당장 참고해야 하는 서류, 중요한 계약서, 법률·세금 관련 문서, 아직 제출하지 않은 신청서·견적서 등 보관해야 할 서류는 많다. 종이자료 정리가 시대에 뒤떨어진다는 생각은 옳지 않다. '디지털 자료정리의 확대'라는 큰 틀의 방향성은 유지되어야 하겠지만, 종이자료 보관·정리도 병행되어야 한다. 디지털이든 아날로그든 골고루 잘 활용하는 것이 최선이다.

그러면, '디지털 시대의 종이자료 정리'에서 가장 중요한 것은 무엇일까? 그것은 종이자료를 가급적 줄이는 것이다. 꼭 필요한 것만 종이자료로 보관하는 것이다. 종이가 한 장도 없는 사무실이 아니라 가급적이면 종이를 줄이는 것이다.

효과적으로 종이자료를 줄이기 위해서는 무엇보다도 출력을 최소화해야 한다. 가능한 한 컴퓨터 화면에서 자료를 읽는 습관을 들이고 출력은 중요한 것으로 한정해야 한다. 보고서나 결재서류를 작성하다보면 컴퓨터에 있는 문서를 출력해서 참고해야 하는 경우가 많은데, 그런 경우에는 업무가 마무리 되는대로 파기해야 한다.

종이자료를 스캔하거나 사진을 찍어서 컴퓨터에 보관하는 것도 좋은 방법이다. 하지만, 시간 여유가 없는데 무리해서까지 할 필요는 없을 것이다.

⋯ 똑같은 분류방식을 적용하자

바로 앞에서 살펴본 대로 디지털 시대라고는 해도 디지털 자료만 보관·정리할 수는 없다. 종이자료 정리의 병행도 필요하다. 디지털 자료와 종이자료를 따로따로 별도의 분류시스템에 따라 정리하면 분류할 때마다 항목이 헷갈리는 것은 말할 것도 없고, 찾는 것도 힘든 작업이 되고 만다. 이러한 불편을 해소하기 위한 가장 좋은 방법은 양쪽의 분류시스템을 통일시키는 것이다. 《그 서류 어디 있지?》를 쓴 미쓰하시 시즈코와 《정리하는 뇌》의 저자인 대니얼 레비틴은 "컴퓨터 파일은 종이서류와 같은 방식으로 분류한다.", "파일 폴더에 적용되는 모든 원칙은 컴퓨터의 가상 파일과 폴더에도 똑같이 적용된다."며 이러한 방식에 전적인 공감을 표시한다.

우리는 앞에서 3단 트레이와 서랍, 캐비닛을 사용해서 계층적 분류시스템에 따라 종이자료를 정리하는 방법에 대해 자세히 알아

제3부 업무능력을 향상시키는 다섯 가지 정리의 기술

보았다. 이 방식을 컴퓨터에도 그대로 적용해서 종이자료 파일철
과 컴퓨터 폴더를 서로 '연결'시키기만 하면 된다. 이를 위해서는
먼저 컴퓨터에 '트레이', '서랍', '캐비닛' 폴더를 만든다. 그런 다
음에는 '트레이' 폴더에 위칸, 가운데칸, 맨아래칸 등 세 개의 하위
폴더를 만들고, 똑같은 방식으로 '서랍' 폴더 아래에도 하위폴더를
만든다. '캐비닛' 폴더에는 실제 캐비닛과 마찬가지로 오랫동안 사
용하지 않은 폴더들을 보관한다. 파일철과 연동(Synchronization)된 컴
퓨터의 폴더 구성을 그림으로 표시하면 다음과 같다.

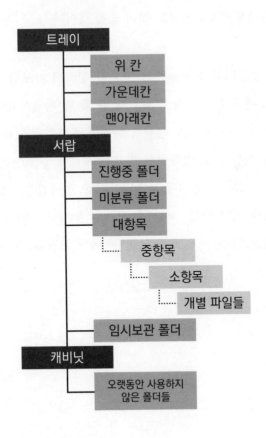

트레이의 맨아래칸 폴더에는 실제 3단트레이와 마찬가지로 현재 진행중인 사안과 관련된 자료파일들을 넣어둔다. 서랍의 소항목 아래에 있는 개별파일들에는 날짜-분류항목-핵심내용이 포함되도록 파일명을 적는다.

앞서 제2부 3장에서는 '밀어내기 파일링' 방식을 사용해서 파일철을 관리하는 방법을 소개했다. 컴퓨터에서는 이와 똑같은 방식으로 폴더를 정리할 수 없으니까 이것은 디지털과 아날로그 자료정리의 차이점으로 남겨두는 것이 좋을 것이다.

이렇게 분류방식을 통일해서 자료를 정리해 놓으면 필요할 때 찾아 쓰기 편하다. 문서작성 작업 등을 할 때 파일서랍에 있는 파일철을 책상 위에 꺼내고, 컴퓨터 화면에서 파일철과 똑같은 제목의 폴더를 띄워 놓고 양쪽에서 필요한 자료를 참고하면 된다. 동일한 자료가 양쪽에 동시에 보관되어 있으면 똑같은 자료를 두 번 읽는 수고를 해야 하고, 서랍 속 파일철 두께도 그만큼 두꺼워질 테니까 이중보관되지 않고 어느 한 쪽에만 보관되도록 주의할 필요가 있다.

네 번째 기술 – 수시로 체크한다

⊙ 자료도 관심 받고 싶어 한다

밭에 있는 작물은 주인의 발자국 소리를 듣고 자란다는 말이 있다. 주인이 애정을 갖고 자주 들여다봐야 잘 큰다는 얘기다. 주인이 밭에 나가면 그냥 둘러보기만 하지 않고 물과 거름을 주고, 잡초를 제거하고, 쓰러진 줄기를 바로 세우는 등 관리에 신경을 쓸 테니까 작물이 잘 크는 것은 당연한 결과일 테지만, 정말로 작물이 주인을 알아보는 것일 수도 있다.

필자의 집에는 아내가 화초를 키우는 것을 좋아해서 화분이 여러 개 있다. 아내는 시간이 날 때마다 그늘에 있는 화분을 햇볕이 잘 드는 쪽으로 옮기고, 베란다에 화분을 모두 내다놓고 흠뻑 물을 준다. 한참 쪼그려 앉아 화초를 들여다보기도 하고, 가끔은 대화를 나누는 것 같기도 하다. 아내의 그런 정성 때문인지 화초들은 잘 자란다. 웬만해서는 꽃이 피는 것을 보기 힘들다는 화초들도 아내의 손길이 닿으면 활짝 꽃이 핀다.

자료도 밭에 있는 작물이나 화분 속 화초와 같이 '주인'의 관심과 애정을 기다리고 있는 것은 아닐까 하는 생각이 든다. 관심을 갖고 대해주면 신이 나서 '아낌없이 주는 나무'처럼 '주인'에게 무엇이든 주려고 하는 것이 아닐까 싶다. "아이디어가 잘 떠오르지 않을 때는 정리시스템을 점검한다."는 사람도 있다. 자료를 정리하며 쭉쭉 넘기다보면 신기하게도 전혀 생각지도 못한 아이디어가 불쑥불쑥 떠오르고는 하는데, 이것은 '주인'에 대한 자료의 감사표시인지도 모른다.

이렇듯 자료를 '생명체'로까지 인식하지는 않더라도, 애정을 갖고 소중히 다루는 것은 필요하다. 소중히 다뤄야 도움을 얻을 수 있다. 소중히 다뤄야 업무를 하다가 필요한 일이 있으면 언제든지 바로 찾아서 참고할 수 있고, 제1부에서 설명한 '자료정리가 가져다주는 여러 가지 이점'들도 최대한 누릴 수 있다.

자료를 파일철에 집어던지듯 넣지 않고 가지런하게 정리하는 것도 자료를 소중히 하는 행위다. 하지만, 자료를 소중히 하는 것은 이렇게 단순히 잘 보관하고, 훼손되거나 분실되지 않도록 관리하는 차원이 아니다. 서랍이나 컴퓨터 폴더 속에 '고이고이' 저장하고 한 번도 꺼내보지 않고 있다가 일정 기간이 경과하면 폐기해

제3부 업무능력을 향상시키는 다섯 가지 정리의 기술

버리는 것은 진정으로 소중한 것을 다루는 태도가 아니다. 자료를 소중하게 다루는 최선의 방법은 자료를 업무에 적극 활용하는 것이다. 자료가 갖고 있는 가치를 최대한 살려서 제 역할을 충분히 할 수 있도록 하는 것이다.

영국의 유명한 역사학자인 E.H.카는 '역사는 과거와 현재와의 끊임없는 대화'라고 했다. 자료정리도 대화다. 자료와 정리하는 사람간의 대화다. 부단히 지속해야 하는 과정이다. 딱 한 번 읽고 보관해두는 것으로 그쳐서는 안 된다. 자주 보고, 자주 대화를 나누는 노력이 필요하다.

☺ 자료를 수시로 체크하자

자료를 서랍이나 컴퓨터 폴더에 잘 넣어두어도 시일이 조금만 지나도 금방 잊어버린다. 자료를 보관하고 있는지 어떤지 헷갈리는 정도가 아니라 아예 자료를 보관해 두었다는 사실 자체를 잊어버리는 경우도 많다. 나중에 자료를 파기하는 시점에 가서야 '보관하고 있는 걸 진작 알았더라면 좋았을 텐데' 하는 아쉬움을 갖게 된다. 자료를 제대로 활용하기 위해서는 기억을 되살리는 차원에서라도 보관되어 있는 자료를 가끔 들여다보아야 한다. 자료와

'대화'를 나눠야 하는 것이다.

> "보관하고 싶은 것이 있을 때는 정기적으로 관리해야 한다. 그렇지 않으면, 관리하기도 어렵고 필요한 자료를 찾기도 어려워져 결국은 자료가 아니라 잡동사니가 되고 만다."

> "서류철에는 현재 유효한 정보들만 있어야 한다. 정기적으로 훑어보고 이미 다룬 문제들은 없애거나 새로운 정보로 바꿔야 한다."

> "한번 문서더미가 쌓이기 시작하면 계속해서 쌓이기 마련이다. 정기적으로 문서더미를 살펴보면서 불필요한 것은 버리고 재분류하면서 양을 줄이는 것이 중요하다. 그 어떤 것도 영원히 중요한 것은 없다."

> "최소한 일 년에 한 번씩은 파일을 정리하라."

　많은 정리전문가들이 위와 같이 자료를 정기적으로 관리할 것을 권하고 있다. 내용을 자세히 살펴보면 대부분 자료를 버려야 할지, 보관해야 할지 하는 문제에 대해 말하고 있다. 물론, 자료정리를 위해서는 버리는 것이 중요하다. 그렇지만 버리는 것보다 더 중요한 것은 활용하는 것이다. 이것이 자료정리의 본래 목적이다. 그런 점에서 본다면 단지 정리·정돈하는 차원이 아니라 '활용을

위한 관리' 차원에서 접근해야 한다. 보다 적극적인 자세가 요구되는 것이다.

정리전문가들이 '정기적으로'라고 할 때에는 1주일, 격주, 1개월, 분기, 반기, 1년과 같은 단위를 염두에 두었을 것이다. 하지만 반드시 '정기적인' 관리가 필요한지는 다시 한 번 생각해볼 문제다. 특정기간을 정해서 하게 되면 그 자체가 일거리가 되어버린다. 의무가 되어버리는 순간 부담이 되고 거부감이 생긴다. 하기 싫어진다. 하지만 이 책의 제2부 3장에서 말한 대로 '밀어내기 파일링' 방식을 자료정리에 적용하고 있는 경우라면 정리 주기를 따로 정해놓을 필요가 없다. '밀어내기 파일링'을 하면 자료가 어느 정도 쌓였을 때 뒷부분으로 밀려난 자료를 처리하면 되기 때문이다.

자료는 '수시로' 체크하라고 권하고 싶다. 자료를 참고하기 위해 파일철을 꺼낼 때 필요한 자료만 딱 꺼내고 말 것이 아니라 해당 파일철에 들어있는 다른 자료들도 훑어보고, 이 기회에 앞 뒤 파일철도 꺼내서 훑어보자는 것이다. 자세히 들여다볼 필요도 없이 말 그대로 '훑어보는' 정도만으로도 충분하다. 이미 자료를 분류해서 파일철에 보관할 당시에 읽었던 것이기 때문에 훑어만 봐도 잊었던 기억이 되살아나고, 새로운 아이디어가 떠오를 것이다. 쓸모없어진 자료가 눈에 띄면 버리면 되니까 정리효과도 기대할 수 있다.

자료를 찾기 위한 경우가 아니더라도 업무 중간 중간에 시간여유가 생길 때 아무 파일철이나 집어 들어 넘겨보는 것도 괜찮을 것이다. 필자는 책을 읽을 때 반드시 앞에서부터 읽지 않고 목차를 보고 관심이 가는 부분부터 읽기도 하고, 맨 뒤에서부터 거꾸로 읽기도 하는데, 이렇게 하면 읽는 데 대한 부담이 줄고 색다른 재미도 느낄 수 있어 좋다. 파일철도 이런 방식으로 꺼내서 들여다보면 마음이 보다 가벼워질 것이다.

인터넷에서 필자의 생각과 딱 맞는 글을 발견했다. 이 글에서도 말하는 것처럼 자료는 시간이 날 때마다 자주 들여다보고 활용으로 연결시켜야 한다.

"… 다만 이렇게 모은 자료를 사용할 때 잊지 말아야 할 사실이 있습니다. 가급적이면 시간이 날 때마다 자료를 읽고 공부하며 살펴봐야 한다는 점입니다. 모아놓고, 언젠가 쓸 것이라 생각하며 방치하는 자료는 결국 쓰레기통으로 들어갑니다. … 핵심은 모은 자료를 헛되이 날리지 않는 어떤 행위를 해야 된다는 것입니다."('작가가 가져야 할 자기습관 두 번째', 블로그 『세상의 모든 공부 = 행복』, 2016.12.15)

⊙ 눈앞에서 보이지 않으면 마음에서도 멀어진다

모든 것이 다 그렇지는 않겠지만, 가까이 있지 않으면 아무래도 관심에서 멀어지기 마련이다. 사람도 그렇고 물건도 그렇다. 강연회에 가보면 뒤쪽부터 자리가 채워지고, 사회자가 앞쪽에 앉아 달라고 요청하거나 뒤쪽에 자리가 없을 때가 되어서야 방청객들이 비로소 앞쪽에도 앉는다. 연단에서 멀리 떨어져 있으면 발표자의 '사정거리'에서 벗어나게 되어 졸릴 때 잠깐 눈을 붙일 수도 있고, 혹시라도 있을지 모르는 발표자의 질문도 피할 수 있기 때문이다. '이웃사촌'이라는 말도 있다. 자주 만나지 않고 명절 같은 때에나 보게 되는 친척은 이웃보다 더 멀게 느껴진다. 이처럼 바로 앞에 있지 않으면 관심에서 멀어진다. 가까이 있어야 신경을 더 쓰게 된다.

몇 년 전 안방 안쪽에 조그만 방('알파룸')이 딸린 집으로 이사하면서 장롱을 처분하고 이 방에 미닫이옷장을 설치했다. 옷을 갈아입을 때마다 꺼내러가는 것이 번거로워서 언젠가부터 서재로 쓰는 방의 붙박이장에 당장 입을 옷들을 갖다놓고 있다. 계절이 바뀌기 시작할 때쯤 한 두 벌씩 옷장에서 가져다 입다가 계절이 완연히 바뀐 후에 붙박이장의 옷을 계절에 맞는 옷들로 전면 교체하는데, 계절이 바뀌어서 옷장으로 옷을 꺼내러 가면 '아, 이런 옷이 있었지' 하고 그 때서야 생각이 난다. 눈에 띄지 않는 옷장에 보관되어 있어서 잊은 것이다.

자료도 가까이 있어야 관심이 가고 신경도 더 쓰게 된다. 멀리 있으면 잊어버린다. 캐비닛에 있는 자료보다는 서랍에 있는 자료, 서랍에 있는 자료보다는 책상 위 3단 트레이에 있는 자료에 눈길이 가고, 한 번 더 손길을 주게 된다. 같은 파일서랍에 있는 자료라고 해도 앞쪽에 있는 자료와 뒤쪽에 있는 자료는 다르다. 제2부 3장('자료는 꺼내기 쉬워야 한다')에서 중요한 자료는 가까이 두라고 했는데, 가까이 있어야 더 자주 보게 되고, 그래서 활용 가능성도 그만큼 커지게 된다. 'Out of sight, out of mind.'라는 영어 격언처럼 눈앞에서 보이지 않으면 마음에서도 멀어진다.

서류가 일단 파일철로 들어가면 잊어버리지 않을까 두려워하는 사람도 있는데 틀린 생각은 아니다. 서류가 눈앞에서 보이지 않으면 아무래도 관심이 줄어든다. 그러다가 아예 잊어버린다. 그래서 필자는 최우선적으로 처리해야 하는 중요한 사안은 3단 트레이 맨 하단에 두고 처리가 끝날 때까지 놓아두는 방법을 제안한다. (자세한 내용은 제2부 3장을 참고하라.)

퇴근할 때마다 매번 3단 트레이의 자료를 치워야 하는 건 귀찮은 일이지만, 그래야 한번이라도 더 자료를 보게 되고, 해야 할 일을 잊지 않게 된다. 신경 써서 관리한다면 서랍 속 파일철에 넣어

제3부 업무능력을 향상시키는 다섯 가지 정리의 기술

두고도 잊지 않고 처리할 수 있겠지만, 그러려면 잊지 않으려는 노력이 필요하다. 처리가 끝날 때까지 항상 머릿속에 기억해두고 있어야 한다. 3단 트레이에 놓고 매일 보게 되면 굳이 기억해두려고 애쓰지 않아도 된다. 당장 처리해야 하는 중요한 사안이 많아져서 3단 트레이의 맨 아래 칸에 다 들어가지 않을 경우에는 '진행중 파일철'을 만들어서 파일서랍 맨 앞에 보관해 두면 된다.

이와 같이 3단 트레이의 자료를 최우선적으로 처리하고 '밀어내기 파일링' 방식에 따라 서랍 앞쪽에 위치하게 된 자료들을 중점 관리하면 중요도를 고려한 업무 추진에 도움이 될 것이다. 미처 발견하지 못한 '진주'가 서랍 뒤편에 감춰져 있을 수도 있으니까 앞에서 말한 대로 틈틈이 파일철들을 들춰보는 노력도 아까워하지 말자.

다섯 번째 기술 - 나만의 방법을 찾는다

⊙ 자료정리에 정석은 없다

일본의 저명 작가인 무라카미 하루키의 집에는 보관용도인 수납고가 많이 있다. 지하실의 수납방은 각종 집필을 위한 자료들이 보관되어 있어서 습도가 일정하게 유지되도록 시스템이 갖춰져 있다. 여름에는 시원하게, 겨울에는 따뜻하게 유지되고 있다. 자료들은 선반에 잘 정리되어 관리되고 있다.

미국의 정리전문가 주디스 콜버그가 쓴 《우리는 하루에 1/3을 물건 찾는 데 허비한다》에는 모든 서류를 사무실 바닥에 정리해 두는 어떤 사람에 대한 이야기가 실려 있다. 그의 사무실 바닥에는 깔끔한 서류 더미들이 서양장기판 모양으로 세워져있다. 긴 줄로 늘어선 서류 더미들은 3인치 간격을 유지하고 있고, 가운데에는 긴 서류들 사이로 1피트 너비의 길이 나있다. 가장자리에도 약 1피트 정도의 여유 공간이 있다.

다산 전문가인 정민 교수의 연구실에는 자료가 온 벽을 메우고 있는 것 외에도 책상 옆에 둥그런 원기둥 모양의 2단 파일 정리대가 있다. 수많은 파일이 원을 이루며 아래 위 2층을 이뤄 둥그렇게 꽂혀 있다. 병원에서 의사들이 환자 차트를 꽂아두는 거치대인데, 우연히 의료용품점 앞을 지나가다 구입했다. 쓰고 싶은 글에 대한 아이디어와 1차 자료를 정리해서 여기에 꽂아 놓고 빙빙 돌려가며 필요할 때마다 찾아서 꺼내 본다.

이렇듯 사람마다 자료정리 방식은 다르다. 정리에는 딱히 정해진 규칙도, 정석도 없다. 자기 나름대로 편한 방식을 만들어서 쓰면 그것이 곧 정리법이다.

정리 전문가들은 하나같이 '모두에게 적용될 수 있는 완전한 정리시스템은 없다'면서 자신만의 정리시스템을 만들어서 활용해야 한다고 말한다.

ⓥ "세상에 완벽한 공간관리 시스템은 없다. 서류를 정리하는 시스템만 해도 수백 가지이므로, 어떤 방식을 선택하느냐보다는 무엇이든 꾸준히 유지하는 게 더 중요하다."

ⓥ "사람에 따라, 직종에 따라 스타일도 달라진다. 그렇기 때문에 자기

만의 방법을 찾아내야 한다."

⊙ "아주 똑같은 방법으로 모두가 성과를 낼 수 있는 마법 같은 방법은 이 세상에 없다. 따라서 최종적으로는 자신에게 맞게 변경시켜야 한다."

⊙ "분류는 자기 마음대로, 자신에게 맞는 방식으로 하는 것이 가장 좋다."

⊙ "모든 사람에게 효과 있는 단 한 가지 시스템은 존재하지 않는다. 우리는 한 사람, 한 사람 모두 특별한 존재이기 때문이다."

혼자서 처음부터 끝까지 시행착오를 겪어가며 정리법을 만들다 보면 시간이 오래 걸린다. '나만의 차별화된' 방법을 찾을 수는 있 겠지만, 개인적인 직접 체험을 통해 만들었다고 해서 반드시 효율 적인 방법이라는 보장도 없다. 가급적이면 기존의 연구결과나 주 변의 다른 사람들이 하고 있는 방법을 살펴보고, '자료정리에 기 본적으로 필요한 사항'을 기초로 자신만의 방법을 만들어가는 것 이 최선이다.

우리가 제2부에서 자세하게 알아본 내용이 바로 '자료정리에 기본적으로 필요한 사항'이다. 자료정리를 위해 꼭 필요한 기본원 칙들이다. 사람들마다 성격이나 취향 등에 따라 선호하는 방법은 다를 수밖에 없겠지만, 이를 기초로 '나만의' 방법을 고민해보면 업무에 효율적인 방법을 찾을 수 있을 것이다.

⊙ 더 나은 정리방법을 찾아보자

《지적 생산의 기술》의 저자인 우메사오 다다오는 책에서 자신의 자료 정리·보관 방법의 '변천사'에 대해 자세히 설명한다. 처음에는 스크랩북에 자료를 스크랩했는데, 양이 늘어나면서 필요한 자료를 한참 뒤져서야 찾을 수 있는 것이 불편해서 A4 크기로 자른 두꺼운 종이 한 장에 한 개의 자료를 붙여 보관하는 방법을 사용했다. 그 다음에는 서재의 한쪽 벽면에 100여개의 칸막이 공간으로 구분된 선반을 만들어 자료를 분류해 넣었고, 이후 모든 자료를 일정한 모양과 크기의 파일철에 넣고 서재의 선반 등에 세워서 보관하는 방법으로 바꿨다.

일본 메이지대학 문학부 교수인 사이토 다카시는 자료를 '필요한 자료', '언젠가 필요할 것 같은 자료', '불필요한 자료' 등 세 종류로 나눠 관리했는데, 꼼꼼히 정리하고 분류하는 것이 성격상 도저히 불가능해서 어느 시점부터 '언젠가 필요할 것 같은 자료'라는 분류를 없애버리고 두 종류로 줄였다.

이렇듯 자료 정리법은 한 번 정하면 바꿀 수 없는 '절대불변'의 것이 아니다. 사용하다가 불편하거나 더 좋은 방법이 있으면 언제든지 바꿀 수 있는 선택의 문제다. 불편한데도 '그동안 사용해오던 거니까', '다른 방법으로 바꾸면 번거로우니까' 등 이런저런 이유로 방법을 바꾸지 않는다면 내게 돌아올 더 큰 이득을 포기하는 것이다.

필자도 직장생활을 하면서 다양한 자료정리 방법을 시도해오고 있다. 입사 초기에는 우메사오 다다오처럼 자료를 스크랩하거나 독서카드에 필요한 사항을 적어 보관한 적도 있고, 단순히 날짜순으로 쌓아놓기도 했다. 이후 체계적인 자료정리의 필요성을 느끼면서부터는 분류항목을 설정해 파일철에 자료를 정리하고 있다. 업무에 딱 맞는 분류항목을 만드는 것이 간단한 작업이 아니어서 이런저런 '시험'을 하다보니까 허준의 스승인 유의태가 자신을 의학실험의 대상으로 삼은 것이 생각나기도 했다.

전자문서 사용이 늘어나면서 컴퓨터를 이용한 자료정리도 병행하고 있지만, 지금도 여전히 종이서류 정리가 적지 않은 비중을 차지한다. 그러다보니까 엉뚱한 생각을 해보기도 한다. 대형마트에는 전자저울에 채소류를 올려놓고 화면에 표시된 그림을 누르면 자동으로 바코드가 인쇄되어 나오는 기계가 있다. 이런 기계처럼 자료를 책상 위에 올려놓고 해당 분류항목을 터치하면 자동으로 서랍 속 파일철로 옮겨져서 보관되고, 마찬가지로 자료가 필요할 때 해당 분류항목을 터치하기만 하면 파일철이 책상 위로 딱 올라오는 장치 - 일명 '자료정리기' - 가 있으면 얼마나 편리할 것인가!

자료정리는 '나에게 편리한' 방식으로 자료를 잘 보관해 두었다가 나중에 필요할 때 최대한 잘 활용하기 위한 것이다. 그렇기 때문에 현재 사용하고 있는 방법만을 고집해서는 안 된다. 새로운 방법이 떠오르면 과감히 시도해 보고, 주변사람이 색다른 방법으로 자료를 정리하고 있다면 따라서 해보는 등 '도전' 정신이 필요하다.

효율적인 자료정리 방법을 찾는 노력도 중요하지만, '최고의' 자료정리법은 자료를 보고서나 책자 등의 형태로 관리하는 것이 아닐까 싶다. 자료 내용을 보고서와 책자에 반영시켜 놓으면 따로 자료를 보관하는 수고를 덜 수 있고, 자료도 최대한 활용하게 되는 셈이니까 활용 측면에서도 이보다 더 좋은 방법은 없을 것이다.

⊙ 정리에 관한 책들도 참고하자

'나만의' 자료정리법을 찾고, 보다 효과적인 방법을 지속적으로 개발하기 위해서는 관련서적을 충분히 활용할 필요가 있다. 자료정리는 정리의 한 부분이기 때문에 자료정리에 관한 책만 읽을 것이 아니라, 정리 전반에 대한 책도 함께 읽는 것이 좋다.

일본과 미국·독일 등에서는 이미 오래 전부터 정리에 관심이 높아서 수많은 관련서적들이 출간되어 있다. 국내에는 1990년대 말부터 정리에 관한 외국 서적들이 번역·소개되기 시작했으며, 2012년에 곤도 마리에의《인생이 빛나는 정리의 마법》등 여러 권의 책이 출간되고 윤선현씨 등 국내 정리전문가들도 활발히 활동하면서 정리에 대한 관심이 크게 확대되었다. 이에 맞춰 정리에 관한 책들도 다양하게 출간되고 있다.

정리에 대한 관심 확대에 따라《그 서류 어디 있지?》와 같은 자료정리에 관한 책도 국내에 출간되었다. 하지만, 아직까지 자료정리만을 집중적으로 다룬 책은 거의 찾아보기 힘들고, 정리나 업무 효율화에 관한 책에서 부분적으로 다루고 있는 수준이다. 앞으로 자료정리의 효과에 대한 인식이 높아지면 자료정리에 특화된 책 출간도 늘어날 것으로 기대한다.

이 책의 부록에는 정리 전반 및 자료정리에 대한 책 20권을 선별해서 주요 내용과 특징 등을 소개했다. 마음에 드는 몇 권을 골라서 읽어보면 정리에 대한 이해를 높이고 본인에게 맞는 정리법을 찾는 데 도움이 될 것이다. 부록의 책 선정은 전적으로 필자 개인의 취향에 따른 것이다. 필자가 미처 접하지 못한 책들 중에도 좋은 책들이 많이 있을 것이다.

정리의 스킬

정리력 향상을 위해
읽으면 좋은 책
20권

그 서류 어디 있지?

미쓰하시 시즈코, 새로운제안, 2008.1

　새로운 주제를 공부할 때는 먼저 입문서부터 읽어서 기본적인 지식을 쌓은 다음 좀 더 수준이 높은 책으로 옮겨가게 되는데, 이 책이 딱 그런 입문서다. 서류정리를 단일 주제로 다룬 책이다.

　서류를 정리하는데 필요한 내용들이 쉽고 자세하게 설명되어 있다. '어디에 있는지 파악한다', '정확하게 분류한다' 등 업무효율을 높이기 위한 정리법이 '7가지 정리법칙'으로 나눠 소개되어 있다.

저자 소개	도쿄와 뉴욕에서 잡지·서적 편집자, 저술가 등으로 일하면서 독자적인 정보수집과 정리방법을 고안하여 활용했으며, 이러한 경험을 바탕으로 책을 썼다.

끝도 없는 일 깔끔하게 해치우기

데이비드 알렌,
21세기북스, 2002.3 (2011.8 개정판 발행)

　업무처리를 효과적이고 체계적으로 하려는 직장인들을 위한 책이다. 30여국에서 발간되어 호평을 받았다. (김영사에서도 '쏟아지는 일 완벽하게 해내는 법'이라는 제목으로 출간했다.)

책은 깔끔한 일 처리기술, 스트레스 제로의 생산성 실천, 핵심 원리의 힘 등 3부로 구성되어 있다. 책에는 '파일링 시스템'에 관한 내용도 있는데, 파일링 시스템을 개인능력 향상을 위한 기본적인 요건으로 제시하고 있다.

저자 소개	생산성 분야에서 가장 영향력 있는 세계적 권위자중 한 명으로, 직원 능력 개발 및 코칭 전문가로 활동 중이다. 《준비된 자가 성공한다》도 국내에 번역되어 있다.

도미니크 로로의 심플한 정리법

도미니크 로로, 문학테라피, 2013.11

전세계에서 100만부 이상 판매되어 심플한 삶에 대한 공감을 불러일으킨 《심플하게 산다》의 실천편이다. 잔잔한 에세이집과 같은 느낌을 준다.

책은 3부로 구성되어 있다. 비우는 삶을 살아야 하는 이유와 버려야할 것의 기준을 제시하고, 부엌과 가구·서류 등 가정과 일상생활에서의 '심플한 정리법'에 대해서도 설명한다.

저자 소개	프랑스의 수필가다. 오랜 기간 일본에서 살면서 '심플하게 사는 것'의 가치를 발견했다. 국내에 《작은 집을 예찬한다》, 《심플하게 산다2》 《소식의 즐거움》 개정판), 《도미니크 로로의 모두 제자리》, 《고민 대신 리스트》 등의 저서가 출간되어 있다.

도요타 정리술

OJT솔루션즈, 예인, 2016.6

　정리 정돈의 습관으로 초일류 기업이 된 도요타의 노하우를 알려주는 책이다. 일본에서 25만부 이상 판매된 베스트셀러다.

　책은 총 4장으로 구성되어 있다. 1장에서는 도요타의 '5S' 개념(정리, 정돈, 청소, 청결, 습관화)에 대해 전반적으로 설명하고, 뒤의 3개장은 정리, 정돈 및 청소·청결·습관화를 주제로 세부내용을 다루고 있다.

저자 소개	도요타 자동차와 리쿠르트 그룹이 2002년 설립한 컨설팅회사다. 도요타에서 40년 이상 근무한 50여명의 베테랑 직원들이 다양한 업종의 기업에 서비스를 제공하고 있다. 《도요타의 입버릇》, 《도요타의 상사》 등의 저서도 출간했다.

디지털 정리의 기술

이임복, 한스미디어, 2015.1

　직장인들을 대상으로 한 책이다. 컴퓨터와 스마트폰을 사용해서 업무를 빠르고 효율적으로 처리할 수 있는 방법을 설명하고 있다.

책은 3개 파트로 구성되어 있다. 첫 번째 파트는 '디지털 정리란 무엇인가'라는 주제를 다루고 있으며, 나머지 두 개 파트에서는 디지털 수집의 기술과 디지털 정리의 기술에 대해 자세히 알려준다. 디지털 자료정리에 대한 이해를 높이는 데 유용하게 활용할 수 있는 서적이다.

저자 소개	세컨드브레인 연구소 대표다. 영업, 마케팅, 기획 등 다양한 분야의 직장생활 경험을 바탕으로 업무에 활용할 수 있는 책들을 출간하고 강의를 하고 있다.

순서가 한눈에 보이는 정리기술
니시무라 아키라, 영진닷컴, 2003.7

능동적으로 일 잘하는 사람이 되려고 하는 직장인들을 위한 책이다. '좋은 책'이라는 느낌을 준다.

정보·업무·시간·인맥·물건·사고 등 6가지로 나눠 정리력에 대해 자세히 설명하고 있다. 책에서 저자는 "밭을 경작해 수확을 얻듯 정리를 통해서 정보의 효용을 극대화할 수 있다."고 말한다.

저자 소개	일본의 경제전문가이자 저널리스트. NHK 방송 등에서 기자로 근무하다 40세 때부터 프리랜서로 집필과 강연 활동을 하고 있다. 《CEO의 다이어리엔 뭔가 비밀이 있다》,《성공하는 사람들의 다이어리 활용법》 등 40여권의 저서가 있다.

아무 것도 못 버리는 사람

캐런 킹스턴, 도솔, 2001.5 (2010.8 개정판 발행)

1988년에 출판되어 전세계적으로 100만부 이상 판매된 베스트셀러다. 2008년에 개정판이 나왔다.

책은 잡동사니 문제를 집중적으로 다루고 있다. 잡동사니 이해하기 → 찾아내기 → 청소하기 순서로 구성되어 있으며, 공간·시간뿐 아니라 몸 속과 마음 청소에 이르기까지 다양한 분야에 대해 설명한다.

저자 소개	공간정리의 권위자이자 잡동사니 청소 분야 전문가이다. 영국에서 태어나 발리에서 오랜 기간 생활했으며, 전세계를 무대로 공간정리 관련 워크숍과 컨설팅을 하고 있다. 저서로는 《풍수로 창조하는 신성한 공간》(국내에는 미출간)이 있다.

에버노트 사용설명서 2nd Eidition

홍순성, 영진닷컴, 2018.2

'최강의 문서관리 도구'라고도 할 수 있는 에버노트에 대한 입문서다. 2013년 발간된 동일한 제목의 책 내용 중 일부를 개정·추가했다.

컴퓨터와 스마트폰에 프로그램을 설치하는 방법 등 에버노트를 당장 활용할 수 있는 내용이 담겨있다. 그림과 함께 자세히 설명되어 있어서

정리의 스킬

책을 읽으면서 따라해 보면 금방 기능을 익힐 수 있다.

저자 소개	국내 최고의 에버노트 전문가다. 생산성 툴 디자이너로 활동하면서 개인과 기업에 교육과 컨설팅을 하고 있다. 저서로는 《프로들의 에버노트》, 《스마트 워킹 라이프》, 《나는 1인 기업가다》 등이 있다.

우리는 하루의 1/3을 물건 찾는 데 허비한다

주디스 콜버그, 위즈덤하우스, 2005.10

일반적인 정리에 관한 책과는 다소 성격이 다른 책이다. 고질적인 늘어놓기 증후군을 갖고 있는 사람들의 다양한 '정리문제 해결' 사례가 소개되어 있다. 서류를 지퍼백에 넣어 걸어놓는 것도 그 중 하나다.

책은 공감각적 장점을 살려라, 공간을 장악하라 등 총 6개장으로 구성되어 있다. 사례 중심으로 되어 있어서 흥미 있게 읽을 수 있다. '나만의 맞춤 정리법'을 찾는 데 참고하면 좋을 것이다.

저자 소개	전미 정리전문가협회 설립자상을 수상하기도 한 정리전문가다. 저술활동과 함께 상담가·트레이너 등으로 활동하고 있다.

인생이 빛나는 정리의 마법

곤도 마리에, 더난출판, 2012.4

우리나라 뿐 아니라 미국 등에도 잘 알려져 있는 곤도 마리에씨의 정리에 관한 여러 책 중 국내에 가장 먼저 출간된 책이다.

책은 5개 파트로 구성되어 있다. 정리에 대한 잘못된 상식을 지적하고 물건별 정리법과 수납 방법 등에 대해 자세히 소개한다. 책에서 저자는 정리는 인생을 극적으로 바꾸는 '마법의 효과'를 갖고 있다고 강조한다.

저자 소개	일본 최고의 정리 컨설턴트. 어린 시절부터 정리의 매력에 빠져 지냈으며, 현재 방송매체 등을 통해 정리정돈을 전파하고 있다. 저서로는《설레지 않으면 버려라》,《인생의 축제가 시작되는 정리의 발견》,《버리면서 채우는 정리의 기적》등이 있다.

일이 훨씬 편해지는 정리의 정석

조세형, 흐름출판, 2013.12

직장인이 쓴, 직장인을 위한 책이다. 저자가 직접 직장생활을 하면서 느끼고 경험한 내용들을 기초로 한 책이라서 생동감이 느껴진다.

책은 7개장으로 되어 있다. 첫 장은 정리를 해야 하는 이유를 다루고

정리의 스킬

있고, 나머지 6개장은 각각 버리다, 줄이다, 정하다, 나누다, 바꾸다, 습관화하다 등을 주제로 하고 있다.

저자 소개	삼성 등 대기업에서 20년 이상 근무하고 있다. 자칭 '정리정돈의 예찬론자'다. 사회 초년생 시절부터 정리 법칙을 정해두고 정리 습관을 계속하고 있다. 삼성에서 일하며 얻은 정리 습관을 책으로 엮은 것이 이 책이다.

일 잘하는 사람의 정리습관

시노즈카 다카야, 미래지식, 2013.5

직장인들이 업무효율을 높일 수 있는 정리방법을 자세히 설명하고 있는 책이다. 당장 실행할 수 있는 방법들이 다양하게 소개되어 있다.

책은 총 5개의 장으로 구성되어 있는데, 책상·서랍·컴퓨터폴더·이메일 정리, 구글 활용, 업무속도 향상 방법 등 실용적인 내용들로 가득 차 있다. 책을 읽고 따라하면 야근하지 않고 일찍 퇴근할 수 있을 것 같은 느낌이 든다. 그림과 도표가 많고 쉽게 쓰여 있어서 금방 읽고 적용해볼 수 있다.

저자 소개	일본 리쿠르트에서 국내여행 영업업무를 담당하면서 야근을 줄이기 위한 업무효율화를 위해 노력했다. 2011년 주식회사를 설립했으며, 컨설팅과 세미나 등을 하고 있다.

정리습관의 힘

정경자, 경향미디어, 2015.10

정리 전반에 대한 이해를 높이는 데 도움이 될 수 있는 책이다. 정리수납 전문가가 컨설팅 사례 등을 바탕으로 쓴 책이기 때문에 실생활에 적용할 수 있는 내용들도 많이 담겨 있다.

책은 총 5장으로 되어 있는데, 2~4장이 핵심이다. 각각 버림('버림의 자유를 느껴라'), 채움('바르게 채워라'), 나눔('나눔의 행복을 느껴라')을 주제로 하고 있다. 특히 정리를 나눔의 문제와 연결시키고 있는 점이 인상적이다.

저자 소개	한국정리수납협회 회장. 우리나라에서 처음으로 정리수납 전문가라는 직업을 만들었다. 전문가 양성 및 정리수납 표준화를 위한 활동을 하고 있다.

정리정돈의 습관

고마츠 야스시, RHK, 2012.7

일본에서 30만부 이상 판매되며 정리정돈 붐을 일으키는 계기가 된 책이다. '정리에 대한 기본서'로 삼아도 될 만큼 내용이 알차다.

정리정돈의 시작 → 기본동작 → 유지 방법 → 8개 물건별 정리 포인트

(추억이 깃든 물건, 옷, 신문·잡지·책, 서류, PC, 메일, 냉장고, 지갑) 순으로 되어 있다. 쉽게 씌어져있고 그림과 도표도 많아서 술술 익힌다.

저자 소개	일본 1호 정리컨설턴트. 2005년에 정리 컨설팅 회사인 '슷키리 라보'를 창업하여 개인과 기업을 대상으로 정리 컨설팅과 세미나, 칼럼 기고 활동을 하고 있다. 저서로는 《돈과 시간이 쌓이는 1분 정리법》, 《1일 1행》 등이 있다.

지식의 단련법

다치바나 다카시, 청어람미디어, 2009.2

발간된 지 35년이 지났지만 일본에서 '지적 생산활동에 대한 명저'로 칭송받으며 여전히 많이 판매되고 있다. 우리나라에서도 스테디셀러다. 지적 호기심이 많은 사람들에게 꼭 일독을 권하고 싶은 책이다.

책은 총 12개장으로 구성되어 있는데, 정보를 입력·출력하는 방법과 그 중간과정 등 크게 세 부분으로 나뉜다. 2~4장은 신문·잡지 정보 및 컴퓨터 등 자료정리와 관련된 내용을 다루고 있다.

저자 소개	일본 최고의 저널리스트이자 지(知)의 거장이다. 인문·사회 뿐 아니라 우주·뇌 분야에 이르기까지 활동영역이 넓다. 《나는 이런 책을 읽어왔다》 등 다수의 저서가 있다.

지적 생산의 기술

우메사오 다다오, 에이케이 커뮤니케이션즈, 2018.1

  초판이 발간된 지 50년이 지난 오래된 책이지만,
지금 읽어도 전혀 시대에 뒤떨어졌다는 느낌이 들지
않는 책이다.

  책에는 자료정리는 물론 메모, 독서, 일기쓰기 등 지적 생산을 위한 다
양한 주제들에 대한 구체적인 방법이 소개되어 있다. 전반부는 수첩·카
드와 같은 장치적 문제, 후반부는 읽고 쓰는 문제를 집중적으로 다룬다.

저자 소개	1920~2010. 교토대학 인문과학 연구소 교수를 거쳐 국립민족학 박물관 명예교수 및 고문을 지냈다. 《일본 문명의 77가지 열쇠》, 《IT는 인간을 행복하게 만드는가》, 《일본인의 생활》 등이 국내에 번역·소개되어 있다.

직장생활 정리플래너

레지나 리드, 나무발전소, 2011.12

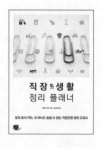

책 제목이 말해주듯 직장인들을 위한 정리책이다. 표
지에는 '직장인편 정리교과서'라는 말로써 책에 대한
자신감을 표시하고 있다.

정리의 스킬

책상, 시간, 우선순위, 관계 등 일과 가정·일상생활 사이의 균형을 위해 이루어야 할 12개 주제를 매달 하나씩 다루고 있다. 서류정리도 그 중 한 부분으로, 서류정리 시스템 등 핵심적인 내용들이 담겨있다.

저자 소개	미국 뉴욕에서 활동 중인 정리컨설턴트 겸 강사·저술가. 배우로 처음 사회생활을 시작했으며, 1988년 자신의 회사를 설립하여 정리컨설팅에 본격적으로 나섰다. 저서로는 《정리생활 플래너》, 《금융생활 플래너》 등이 있다.

하루 15분 정리의 힘

윤선현, 위즈덤하우스, 2012.3

국내에 정리 열풍을 일으킨 윤선현씨의 첫 책이다. "세상에 정리를 못하는 사람은 결코 없다. 정리를 안 하는 사람만 있을 뿐이다."라고 말한다.

책은 1·2부로 구성되어 있다. 1부에서는 정리를 해야 하는 이유 등 정리 전반에 대해 다루고, 2부 실천편에서는 공간·시간·인맥 정리 등 세 부분으로 나눠 단계별 정리법에 대해 설명한다.

저자 소개	국내 1호 정리컨설턴트로, 2010년 '베리굿정리컨설팅'을 설립하여 활발한 활동을 하고 있다. 저서로는 《이대로는 안 되겠다 싶은 순간 정리를 시작했다》, 《부자가 되는 정리의 힘》, 《관계정리가 힘이다》 등이 있다.

하루 27시간

다카시마 미사토, 윌컴퍼니, 2015.1

업무에 쫓기지 않고 효율적으로 일하려는 직장인을 위한 책이다. '당신의 하루를 3시간 늘려주는 기적의 정리법'이라는 부제가 붙어있다.

14일만에 극적으로 정리능력을 키워주는 것을 목표로 책상·서류·데이터·시간 등 매일 한 가지씩 대상을 정해 정리방법을 설명해 준다. 쉽고 간결하게 씌어져있어 부담 없이 읽을 수 있다.

저자 소개	온라인스쿨 '시비스 아카데미' 학장이다. 어릴 때부터 시간을 활용하는 문제에 관심을 가졌으며 입시학원에서 1만명 정도의 학생들을 가르치며 관찰한 결과를 기초로 이 책을 썼다. 《육아와 함께 집에서 30억 버는 주부의 성공 법칙》 등의 저서가 있다.

하루를 48시간으로 사는 정리의 기술

사카토 켄지, 북뱅크, 2004.5

일을 효율적으로 하려는 직장인들을 위한 책이다. 그림도 많고 쉽게 설명되어 있어서 가볍게 읽을 수 있다.

정리를 못하는 이유부터 시작해서 물건·책상 주변(책상, 서랍, 명함), 정보

정리의 스킬

(서류·자료 파일링, 아이디어, 가방, 책·잡지, 신문기사), 시간(스케줄, 집중근무, 연간계획) 등 3개
카테고리로 나눠 '정리술'을 설명하고 있다.

저자 소개	광고 디렉터, 에디터, 마케팅 컨설턴트 등 여러 창조적인 일을 하면서 효율적으로 일을 하기 위한 나름대로의 시스템을 구축했다. 저자의 다른 저서로 《메모의 기술》이 있는데, 메모 활용법이 자세히 설명되어 있다. 이 책도 일독을 권하고 싶다.

자료정리 노하우는 공유되어야 한다

직장생활을 하는 동안 국제정세를 분석하고 이를 보고서로 작성하는 업무를 주로 담당하면서 자료정리의 필요성을 많이 느꼈다. 자료정리 문제에 대해 특히 진지하게 생각해보게 된 것은 수년 전 졸고인 《오후반 책쓰기》를 쓸 때였다. 하루에 2매 정도 분량의 글을 쓰면 되겠다는 생각을 갖고 시작했지만, 번번이 자료부족이라는 현실의 벽에 부딪혀 좌절감을 느끼고는 했다. 평소에 자료를 잘 관리해 두었더라면 얼마나 좋을까 하는 아쉬움과 함께, 다른 사람들이 어떻게 자료를 관리하고 있는지 알 수 있으면 자료정리를 더 쉽고, 더 빠르게 하고 효율도 높일 수 있지 않을까 하는 생각을 했다. 이러한 생각이 이 책의 출발점이 되었다.

자료정리가 중요하다는 건 모두들 알고 있지만, 정리 방법에 대해 체계적으로 가르쳐주는 곳은 거의 없다. 정리에 관한 책은 많아도 자료정리는 한 부분으로 간단히 다루고 있는 경우가 대부분이고, 기업이나 공개강좌 등에서 교육·강의 과목에 포함되는 경우가 있기는 해도 극히 일부분이다. 자료정리는 지금까지 모두들 그래왔듯 각자가 시행착오를 겪으면서 터득해야 하는 과제로 인식되고 있는 것이다. 왜 이래야 할까? 자료정리가 중요하다면, 신입사원 직무교육 과정에 포함시키고 기업 차원의 재교육·연수 프로그램에도 포함시켜서 '전가의 보도'처럼 각 개인이 갖고 있는 자료정리 노하우를 공유하는 것이 좋지 않을까? 학교에서도 교과목으로 개설해야 하지 않을까?

자료정리에 정해진 방법은 없지만, 자료정리의 효용성에 대해 자세히 알려주고 '이러한 방법도 있다'는 정도만 알려줘도 자료정리에 어려움을 겪는 사람들이 자신에게 맞는 자료정리 방법을 찾는 데 도움이 되고, 업무 성과를 크게 높일 수 있을 것이다. 이렇게 자료정리 교육을 통해 각 개인의 업무능력이 제고되면 곧바로 회사의 발전으로 이어지게 되고, 이는 우리나라 경제 위기상황의 주요 원인 중 하나로 지적되고 있는 '창의적 아이디어의 빈곤' 문제 해결에 기여함으로써 국가경쟁력 강화에도 보탬이 될 것이다.

이 책은 개인 차원의 자료정리 방법을 다루고 있지만, 궁극적으로는 회사 차원의 자료관리 시스템을 확대하는 방향으로 나가야 한다고 생각한다. 개인적으로 꼭 필요한 경우 이외에는 회사 차원의 관리 시스템 안에서 자료를 최대한 관리·공유하게 된다면 엄청난 시너지효과를 거둘 수 있을 것이다.

이 책이 나오는 데에는 많은 분들의 도움이 있었다. 두 번이나 출간의 기회를 제공해주신 가나북스 배수현 대표님, 독자들에게 좀더 다가가기 쉬운 책이 될 수 있도록 조언을 해주신 김병완 작가님, 원고를 읽고 수정·보완이 필요한 부분에 대해 의견을 얘기해준 건호·대철·수택·인용·재식·정희님에게 감사드린다. 그리고 책을 쓰는 내내 옆에서 관심을 보여주고 용기를 북돋아준 사랑하는 아내와 딸애에게도 고마움을 전하고 싶다.

정리의 스킬

참고문헌

서 적 .... ※ 밑줄 표기 : 부록에 수록된 책

《가슴 뛰는 삶》, 강헌구, 쌤앤파커스, 2008.9, **p.169**

《가장 단순한 것의 힘》, 탁진현, 홍익출판사, 2017.11, **p.81-82/85**

《개와 하모니카》, 에쿠니 가오리, 소담출판사, 2018.6, **p.44**

《거의 모든 것의 정리법》, 저스틴 클로스키, 처음북스, 2014.8, **p.17-33/382**

《겟 스마트》, 브라이언 트레이시, 빈티지하우스, 2017.11, **p.45/68**

《결국, 아이디어는 발견이다》, 박영택, kmac, 2019.4, **p.40-41/148-149/181-182**

《공부에 미친 사람들》, 김병완, 다산북스, 2019.1, **p.244/255-256**

《관계 정리가 힘이다》, 윤선현, 위즈덤하우스, 2014.4, **p.245**

<u>《그 서류 어디 있지?》</u>, 미쓰하시 시즈코, 새로운 제안, 2008.1, **p.16/191/204**

《기적의 정리·메모 기술》, Tatuya Tubosaka, 조형사, 2003.7, **p.65**

<u>《깔끔한 업무관리·정리정돈》</u>, 존 콘트, 비즈니스맵, 2008.1, **p.136/149**

<u>《끝도 없는 일 깔끔하게 해치우기》</u>, 데이비드 알렌, 21세기북스, 2012.3, **p.112/114/116**

《내 머릿속 청소법》, 김경록, 책들의정원, 2019.6, **p.185**

《내 인생을 확 바꾸는 공간마법사》, 줄리 모건스턴, 더난출판, 2002.1, **p.25-53**

《능력을 두 배로 인정받는 최강의 일머리》, 레일 라운즈, 토네이도, 2019.7, **p.242/244**

<u>《도미니크 로로의 심플한 정리법》</u>, 도미니크 로로, 문학테라피, 2013.11, **p.10/78**

<u>《도요타 정리술》</u>, OJT솔루션즈, 예인, 2016.6, **p.38/65**

《독학은 어떻게 삶의 무기가 되는가》, 야마구치 슈, 앳워크, 2019.7, **p.65/143**

<u>《디지털 정리의 기술》</u>, 이임복, 한스미디어, 2015.1, **p.217**

《멈추고 정리》, 루스 수컵, KOREA.COM, 2016.9, **p.121**

《바쁘지 마라 일을 부려라》, 카슨 테이트, RHK, 2015.4, **p.229-231/235**

《발터 벤야민의 공부법》, 권용선, 역사비평사, 2014.10, **p.217-219**

《버리면서 채우는 정리의 기적》, 곤도 마리에, 더난출판, 2013.5, **p. 249-250**

《보고서의 신》, 박경수, 더난출판, 2015.10, **p.13**

《부자가 되는 정리의 힘》, 윤선현, 위즈덤하우스, 2015.12, **p.68**

《비서처럼 일하라》, 이준의 외, 경향BP, 2012.9, **p.152-153**

《비서처럼 하라》, 조관일, 쌤앤파커스, 2007.10, **p.124/148**

《사무정리 내가 도와줄게》, 한네로레 프리츠, 윌북, 2004.10, **p.7/15-35/49**

《생각의 탄생》, 로버트 루트번스타인·미셸 루트번스타인, 에코의서재, 2007.5
   (2018.10 2판), **p.58/328-329**

《설레지 않으면 버려라》, 곤도 마리에, 더난출판, 2016.2, **p.114**

《성공 정리법》, 캐슬린 켄달 택케트, 큰나, 2004.2, **p.45/71**

《성공하는 CEO들의 일하는 방법》, 스테파니 윈스턴, 3mecca, 2005.12, **p.53/55/177**

《순서가 한눈에 보이는 정리기술》, 니시무라 아키라, 영진닷컴, 2003.7, **p.39-40/157**

《스탠퍼드식 최고의 숙면법》, 니시노 세이지, 북라이프, 2017.10, **p.68**

《습관의 재발견》, 스티븐 기즈, 비즈니스북스, 2014.11, **p.55**

《시간관리 혁명》, 사이토 다카시, 예인, 2014.12, **p.111/121/229/290**

《아무 것도 못 버리는 사람》, 캐런 킹스턴, 도솔, 2001.5, **p.16/31/38**

《아주 작은 습관의 힘》, 제임스 클리어, 비즈니스북스, 2019.1, **p.34/316**

《어떻게 능력을 보여줄 것인가》, 잭 내셔, 갤리온, 2018.9, **p.203**

《업무의 잔기술》, 야마구치 마유, 한빛비즈, 2016.7, **p.112-113**

《업무 효율화를 위한 정리의 기술》, 생크추어리 퍼블리싱, 아르고나인미디어그룹, 2016.4, **p.23**

《에버노트 사용설명서 2nd Edition》, 홍순성, 영진닷컴, 2018.2

《오후반 책쓰기》, 유영택, 가나북스, 2015.10, **p.155-157/187-188**

《왜 난 항상 바쁠까?》, 패트리샤 J. 허칭스, 아라크네, 2008.11, **p.173**

《우리는 하루의 1/3을 물건 찾는 데 허비한다》, 주디스 콜버그, 위즈덤하우스, 2005.10, **p.94/121**

《우리집 정리플래너》, 제니퍼 베리, 나무발전소, 2009.12, **p.228**

《이기는 습관 I》, 전옥표, 쌤앤파커스, 2007.4, **p.50**

《이대로는 안 되겠다 싶은 순간 정리를 시작했다》, 윤선현, 인플루엔셜, 2018.11, **p.21-22/40**

《이 사람은 왜 정리에 강한가》, 사토 가시와, 바다출판사, 2008.8, **p.15/197**

《인생이 빛나는 정리의 마법》, 곤도 마리에, 더난출판, 2012.4, **p.24/29/50/222**

《일이 훨씬 편해지는 정리의 정석》, 조세형, 흐름출판, 2013.12, **p.17/48-49/124/248**

《일 잘하는 사람의 정리습관》, 시노즈카 다카야, 미래지식, 2013.5, **p.29/34/38/153-155/174**

《잘 나가는 인재가 되기 위한 1% 채우기》, 명순영, 맛있는책, 2008.3, **p.101-102**

《잡동사니의 역습》, 랜디 O.프로스트·게일 스테키티, 월북, 2011.9, **p.51/375**

《정리기술》, 리즈 데번포트, 하서, 2003.7, **p.28/36**

《정리만 했을 뿐인데, 마음이 편안해졌다》, 다네이치 쇼가쿠, 북클라우드, 2018.7, **p.120**

《정리 습관의 힘》, 정경자, 경향미디어, 2015.10, **p.137**

《정리 잘하는 법》, 쓰보사카 타쓰야, 더난출판, 2006.7, **p.14**

《정리 잘하는 사람이 일도 잘한다》, 청림인터렉시브, 인터넷사업부 편, 청림출판, 1999.10, **p.22**

《정리정돈의 습관》, 고마츠 야스시, RHK, 2012.7, **p.42/58/73-74/142/166**

《정리하는 뇌》, 대니얼 J. 레비틴, 와이즈베리, 2015.6, **p.25/138/151-152/426/443**

《정보의 달인》, 임현민 외 7인, 넥서스Books, 2003.9, **p.28/31**

《정유정, 이야기를 이야기하다》, 정유정·지승호, 은행나무, 2018.6, **p.109-118**

《정희숙의 똑똑한 정리법》, 정희숙, 가나출판사, 2016.5, **p.212**

《주변부터 머릿속까지 말끔하게 정리 잘하는 법》, 쓰보사카 타쓰야, 더난출판, 2006.7, **p.25/56**

《지금 바로 정리하라》, 무라오카 마사오, 새로운 제안, 2002.10, **p.17**

《지식의 단련법》, 다치바나 다카시, 청어람미디어, 2009.2, **p.45/47/54/58-60**

《지적 생산의 기술》, 우메사오 다다오, 에이케이커뮤니케이션즈, 2018.1, **p.97-102/127-128**

《직장생활 정리플래너》, 레지나 리드, 나무발전소, 2011.12, **p.79/88/98/100/105/109**

《책상이 지저분해도 머릿속이 정리된 사람...》, 나가노 게이타, 위즈덤하우스, 2011.7, **p.103**

《천재들의 컴퓨터 메모법! 정보정리의 기술》, 와다 히데키, 리베르, 2010.5, **p.29**

《최고의 작가들은 어떻게 글을 쓰는가》, 루이즈 디살보, 예문, 2015.6, **p.78/81**

《침대부터 정리하라》, 윌리엄 H. 맥레이븐, 열린책들, 2017.12, **p.41-48/111**

《코스모스》, 칼 세이건, 사이언스북스, 2006.12, **p.131-139**

《퇴근 후 심리카페》, 채정호, 생각속의집, 2017.11, **p.49-58**

《파란펜 공부법》, 아이카와 히데키씨, 쌤앤파커스, 2015.7, **p.194-195**

《팩트풀니스》, 한스 로슬링·올라 로슬링·안나 로슬링 뢴룬드, 김영사, 2019.3, **p.240**

《하루를 48시간으로 사는 정리의 기술》, 사카토 켄지, 북뱅크, 2004.5, **p.30-31/180/205**

《하루 15분 정리의 힘》, 윤선현, 위즈덤하우스, 2012.3, **p.35**

《하루 27시간》, 다카시마 미사토, 윌컴퍼니, 2015.1, **p.39/126**

《하루 30분, 날마다 기적》, 김부길 외 5명 공저, 일월일일, 2019.5, **p.169**

《하버드 첫 강의 시간관리 수업》, 쉬셴장, 리드리드출판, 2018.4, **p.291**

《한국의 글쟁이들》, 구본준, 한겨레출판, 2008.8, **p.8-9**

《히말라야의 영원한 등반기록가 엘리자베스 홀리》, 버나데트 맥도널드, 하루재클럽, 2016.9, **p.53-54**

《1일 1분 정리법》, 고마츠 야스시, 즐거운상상, 2019.1, **p.84-85/89**

《1주일만에 수익 2배 올리는 기업 정리력》, 공민선, 라온북, 2015.3 **p.73/171/174**

《5분 정리법》, 쓰보사카 다쓰야, 넥서스BI, 2008.4, **p.34**

언론기사·인터넷 글

「'가구공룡' 이케아 설립자 캄프라드 타계... 향년 91세」, MK뉴스, 2018.1.29

「기름때 청소는 소주, 옷은 세로 수납... 살림의 여왕 되기 참 쉽죠?」, 조선일보, 2013.9.24

「기억은 기록보다 부정확하다」, 동아일보, 2017.5.23

「기우제 주인공은 여성... 집단 방뇨했다」, 연합뉴스, 2017.6.28

「김대식의 브레인스토리 '즐거움의 신화'」, 조선일보, 2019.10.9

「다양하고 자유롭게... '픽사' 창의력의 비결은?」, KBS뉴스, 2019.10.19

「대한제국 국빈에게 대접한 한식 오찬 메뉴 첫 공개」, 연합뉴스, 2019.9.20

「마윈 "10년 후 세계 최대자원은 석유 아닌 데이터"」, 연합뉴스, 2015.2.12

「박원순, 2000개 서류철 펼쳐보는 'Mr. 디테일'」, 문화일보, 2019.10.29

「[백영옥의 말과 글] 선택 앞에서 우물쭈물하다」, 조선일보, 2017.12.23

「벼룩시장구인구직 "직장인 2명 중 1명, 입사 후 2년 이내 퇴사"」, 뉴스와이어, 2018.5.11

「"보고서가 싫어요"... 과장〉부장〉대리 순」, 한국경제, 2014.2.17

「'샌들 신고 치마 입고'... 50km 산악마라톤 우승 멕시코 22세 여성」, 연합뉴스, 2017.5.24

「요즘 뜨는 전자책, 제대로 활용하려면?」, 조선일보, 2019.9.23

「직장인 76%, "잠이 부족해!"... 이유는'스트레스'」, 일간투데이, 2018.4.16

「진짜 인생은 정리한 뒤 시작된다... 올림없는 물건은 모두 버려라」, Weekly Biz, 2013.9.14

정리의 스킬

「창의력, 無에서 有 아닌 전혀 관계없는 것을 연결하는 능력」, 문화일보, 2017.6.2

「'히말라야의 기록자' 엘리자베스 홀리 여사 별세」, 연합뉴스, 2018.1.27

「MS 직원들 나무집에서 일한다... "자연 속에서 생각하라"」, 연합뉴스, 2017.10.16

https://blog.naver.com/sintokwak/10014842635

https://blog.naver.com/transartists/220886809931

http://finding-haruki.com/520

http://nemodr.egloos.com/3318548

찾아보기

※ 인명·서명은 미포함